A Linha do Oriente na Umbanda

Alberto Marsicano
Lurdes de Campos Vieira

A Linha do Oriente na Umbanda

© 2024, Madras Editora Ltda.

Editor:
Wagner Veneziani Costa (*in memoriam*)

Produção e Capa:
Equipe Técnica Madras

Revisão:
Wilson Ryoji Imoto
Tania Damasceno
Bianca Rocha

Dados Internacionais de Catalogação na Publicação (CIP)
(Câmara Brasileira do Livro, SP, Brasil)

Marsicano, Alberto
A linha do oriente na umbanda/Alberto Marsicano,
Lurdes de Campos Vieira. – São Paulo: Madras, 2024.
Bibliografia.
4 ed.
ISBN 978-85-370-0456-2
1. Umbanda (Culto) 2. Umbanda (Culto) – História
3. Umbanda (Culto) – Origem I. Vieira, Lurdes de
Campos. II. Título.
09-00786 CDD-299.60981

Índices para catálogo sistemático:
1. Umbanda: Religiões afro-brasileiras 299.60981

É proibida a reprodução total ou parcial desta obra, de qualquer forma ou por qualquer meio eletrônico, mecânico, inclusive por meio de processos xerográficos, incluindo ainda o uso da internet, sem a permissão expressa da Madras Editora, na pessoa de seu editor (Lei nº 9.610, de 19.2.98).

Todos os direitos desta edição reservados pela

MADRAS EDITORA LTDA.
Rua Paulo Gonçalves, 88 – Santana
CEP: 02403-020 – São Paulo/SP
Tel.: (11) 2281-5555 – (11) 98128-7754
www.madras.com.br

HINO AO SOL

*Quão solene é o vosso surgir no horizonte,
ó Aton vivo, princípio vital!
Nascestes a leste no horizonte,
espargindo por todas as terras vossa beleza!*

Akhenaton

ÍNDICE

Prefácio 11
Considerações Iniciais 13
A Umbanda 15
    As Sete Linhas de Umbanda (Irradiações) 20
O Círculo Luminoso do Grande Oriente 22
    Noções de Oriente.. 22
A Linha do Oriente na Umbanda 24
    Umbanda – Crisol Espiritual Alquímico..................................... 27
    A Hierarquia de Luz 27
    Linha do Oriente e Magia 28
Classificação da Linha do Oriente 31
A Legião dos Indianos 34
    O Hinduísmo... 35
    Ramatis 36
    O Caboclo Pena de Pavão 38
    O Caboclo Sultão das Matas 38
    O Caboclo Sete Mares 39
    A Índia e o Brasil 40
    As Navegações.. 40
    Os Caboclos do Fogo 42
    Oferenda para a Legião Indiana.. 43
A Legião dos Árabes, Persas, Turcos e Hebreus 44
    Religiões do Oriente Médio... 45
    O Juidaísmo 45
    O Cacique Jacó 47
    O Cristianismo.. 47
    O Caboclo das Sete Encruzilhadas 48
    O Islamismo.. 48
    O Símbolo do Islamismo 51
    O Caboclo Orixá Malê 52

O Caboclo Akuan (Abdul) 52
O Rei Congo de Oberin 52
Muçulmanos no Brasil 52
Zoroastrismo 53
O Caboclo Tupaíba..55
Oferenda para a Legião dos Árabes, Persas, Turcos e
Hebreus 57

A Legião dos Chineses, Tibetanos, Japoneses e Mongóis 58
Religiões do Extremo Oriente 58
A Linhagem do Tao, Taoísmo e Confucionismo.........................59
O Budismo 62
O Budismo Tibetano 63
O Monastério Menri no Himalaia..63
Mahakala, o Exu Tibetano 64
A Tronqueira de Mahakala 65
Exuística no Himalaia...65
Encruzilhadas do Tempo 66
Abyssus Abyssum Invocat..67
Midu..67
O Zen-Budismo 67
Origem do Zen 68
O Olho do Furacão..69
Tibiri, o Japonês..69
O Xintoísmo..70
Nio, o Exu Guardião dos Portais e do Dharma no Japão............70
Tengu, o Exu do Zen Xamânico 72
Oferenda para a Legião dos Chineses, Tibetanos,
Japoneses e Mongóis 74

A Legião dos Egípcios 75
Hórus – Orise – Orixá...76
Umbanda e Antigo Egito 77
Oferenda para a Legião Egípcia 78

A Legião dos Maias, Toltecas, Astecas, Incas e Caraíbas............79
Religiões Pré-Colombianas 79
Oferenda para a Legião dos Maias, Toltecas,
Astecas, Incas e Caraíbas...83

A Legião dos Europeus 84
Influências Céltico-Druidas na Umbanda..................................85
O Galo e o Exu Céltico-Druida 87
Exu Veludo e a Balada Céltica...89
A Falange dos Portugueses 91
A Falange dos Cruzados 91

    A Ordem dos Templários e a Umbanda 92
    A Falange dos Romanos 94
    Os Derradeiros Sacerdotes de Pã 95
    De Tanger para Asilah e Larache 95
    O Sinal do Olho Aberto 96
    Hino a Pã 97
    Oferenda para a Legião dos Europeus 98
    A Simbologia Druida do Verde 98
A Legião dos Médicos, Sábios e Xamãs 99
    José de Arimateia 99
    A Falange dos Santos Curadores 100
    A Falange dos Médicos Ocidentais 100
    A Falange dos Terapeutas Orientais 101
    A Falange dos Rezadores 101
    A Falange dos Cabalistas e Alquimistas 103
    A Falange dos Raizeiros 104
    Oferenda para as Falanges dos Médicos e Sábios Curadores 105
    A Falange dos Xamãs 106
    O Xamã Azu-Taíque106
    Xamanismo Mongol, Siberiano e Esquimó 107
    Xamanismo Esquimó 108
    Xamanismo Siberiano 110
    O Xamanismo Siberiano e a Escrita Maia 111
    O DNA Mongol 111
    O Caboclo Peri 112
    Oferenda para o Povo Esquimó 112
A Linha dos Ciganos 113
    Filhos do Vento 113
    Nômades do Tempo 115
    Caravana do Sol 115
    Os Ciganos na Umbanda 117
    Oferenda para o Povo Cigano 121
O Oriente na Umbanda 122
    Dharma e Lei Maior da Umbanda 122
Zen e Umbanda 124
    Vazio Zen e Contato Mediúnico 124
    Os Templos Zen 125
    Oxóssi e a Arte do Arqueiro 125
    A Arte Zen do Arco e Flecha 127
    O Arqueiro Zen e a Folha de Bambu 127
    Ogum e a Arte Zen da Lâmina 127
    A Alma Afilada 128

Casa Grande e Zenzala 129
A Sabedoria Zen dos Pretos-Velhos 129
Zen Pelintra 130
Hermenêutica e Exuística 131
A Fluida Errância Exuísta 132
O Não-Dualismo 132
Exu – Nômade do Espaço e do Tempo 132
Exu – *Trickster* Cósmico 134
Ikebana no Congá 135
Pontos Cantados e *Haikais* 136
Pontos Haikais 136

Hinduísmo e Umbanda 139
Pontos Riscados e Yantras 139
Os Pontos Riscados 139
Yantras – Configurações Sagradas 142
Elementos Constituintes do Yantra 143
Yantras e Mandalas Umbandistas 144
O Rei dos Yantras (Yantra-Raja) 144
O Yantra de Libertação (Mukti) 145
O Yantra Sri Chakra 146
O Vishnu Yantra 146

Mudras Indianos e Posturas Umbandistas 147
Linguagem Gestual Umbandista Tantra 148

Xamanismo e Umbanda 151
A Transmissão do Poder 151
Iniciação no Xingu 151
Arte Plumária 152

A Umbanda no Oriente 154
O Primeiro Templo de Umbanda da Índia 154

A Luz do Oriente nos Templos de Umbanda 155
O Terreiro da Cabocla Indaiá 155

Um Trabalho na Linha do Oriente 157

Umbanda – Crisol Alquímico em Eterna Elaboração 160
A Umbanda Pensada como Algo em Gênese 160

Umbanda – Conjunção de Egregóras 163

Bibliografia 169

PREFÁCIO

Quando Mãe Lurdes de Campos Vieira me convidou para fazer o prefácio de um livro escrito a quatro mãos, junto com o querido amigo e irmão de fé, Alberto Marsicano, tanto fiquei honrado quanto preocupado, porque o título *A Linha do Oriente na Umbanda* vem nos desafiando e despertando a curiosidade de muitos sobre o que ela realmente é.

Já ouço falar dessa linha desde que era só um rapaz curioso, que buscava respostas e só raramente as encontrava na literatura umbandista dos "anos 60", como hoje nos referimos à década que começou em 1960 e terminou em 1970, quando já se falava muito em uma "Linha do Oriente" e alguns autores de então a colocavam como uma das "Sete Linhas de Umbanda".

Convite aceito, eis que me chegou às mãos um calhamaço com uma vasta pesquisa feita por Mãe Lurdes e Alberto Marsicano, no qual, passo a passo, vão sendo mostradas as influências e os pontos em comum de tradições religiosas e doutrinárias orientais tradicionais com a recente religião umbandista, confirmando-me mais uma vez uma observação de Pai Benedito de Aruanda que diz isto: "Em religião, não há nada de novo Sob o sol e sob a Lua desde que este mundo é mundo, pois cada nova religião é só uma somatória das outras, já existentes e mais antigas".

De fato, após ler e reler *A Linha do Oriente na Umbanda*, o que poderíamos dizer sobre esta obra, à guisa de prefácio?

Justamente por "não haver nada de novo sob o Sol e a Lua desde que este nosso mundo é mundo" é que este livro se mostra uma obra respeitável e importante para nós, umbandistas, porque, de página em página, seus autores vão mostrando que, com toda certeza, a Umbanda é uma religião, uma vez que o que vemos nela pode ser encontrado em outras, a maioria já com vários milênios de existência e vice-versa. Só isso já torna importante este livro de estudos e fruto de vários anos de pesquisa por parte de Mãe Lurdes e Alberto Marsicano, este, um grande conhecedor de algumas culturas orientais, em que se destaca a milenar Índia, berço de muitas religiões e doutrinas.

A Umbanda vem reproduzindo e reinterpretando o que já é tradicional em outras culturas religiosas antiquíssimas, mas só os seus conceitos e práticas possíveis de serem aceitos e facilmente assimilados pelos seus seguidores.

Creio que uma das maiores contribuições dessa pesquisa é demonstrar que nela, de fato, não há nada de novo em suas práticas espíritas e em sua doutrina, ambas voltadas para o bem-estar e para a evolução dos seus adeptos, a maioria avessa a "orientalismos" e "ocidentalismos" fúteis, pois são modismos passageiros. Mas, com todos os umbandistas buscando Deus, em um século de existência, a espiritualidade oriunda de todas as religiões encontra na Umbanda um meio de continuar servindo Deus, por meio da incorporação mediúnica.

Povos que não se conheciam ou sequer um sabia que o outro existia, isso há milhares de anos atrás, tinham práticas religiosas e panteões divinos e cosmogonias muito parecidas, levando-nos a acreditar e confirmar mais uma vez uma outra afirmação de Pai Benedito de Aruanda:

"Quando Deus concede uma dádiva, um bem a uma pessoa, ele o concede a todos ao mesmo tempo e indistintamente, bastando a cada um servir-se dessa dádiva ou bem porque seu doador, que é Deus, está nela e se manifesta em nós por meio dela".

Ao ler este livro, a afirmação de Pai Benedito se confirmou mais uma vez, porque vemos que o que proveio d'Ele é imortal e vem sendo reproduzido e readaptado em todas as religiões, continuando a ajudar as pessoas necessitadas do seu auxílio divino.

Muita gente da Umbanda me criticou quando escrevi em um dos livros psicografados por mim que, na Umbanda, tudo é readaptação e reinterpretação do que já existe e pode ser encontrado em outras religiões, sendo que quem mais se melindrou com essa minha constatação foram alguns autores umbandistas. Mas, lendo o resultado desta pesquisa feita por Mãe Lurdes e Alberto Marsicano, minha afirmação se confirmou. Só que não vejo essa confirmação como algo ruim, e sim, como algo muito positivo, porque nos prova que tudo o que provém de Deus ou que n'Ele está fundamentado é bom e útil, é sério e realmente nos auxilia nesta nossa jornada evolutiva, ainda que seja uma reinterpretação e uma readaptação afinizadas com o tempo em que vivemos.

Isto é tão certo quanto a afirmação de que Deus é único, assim como não existem duas verdades iguais, pois, se ambas são verdades e são iguais, então são uma única verdade. Assim é com Deus, assim é com a verdade e assim é com tudo mais que provém d'Ele, o Divino Doador.

Parabéns aos autores, pois esta obra, tenho a certeza, colocará os pingos nos "iis" e desmistificará as práticas dos nossos guias espirituais indígenas e negros, pois o que os orientais já fazem há milhares de anos e que criou o "orientalismo", os índios brasileiros (os Caboclos) e os negros africanos (os Pretos-Velhos) também já faziam isso tudo ao modo deles e criaram a Umbanda, bem brasileira e bem "ocidentalista".

Parabéns aos autores!

Pai Rubens Saraceni

CONSIDERAÇÕES INICIAIS

Parece-nos que esta é a primeira obra que aborda com exclusividade a Linha do Oriente na Umbanda, pois pesquisamos intensamente o assunto e não encontramos nenhum livro específico sobre ela. Além disso, quando resolvemos mapear a chamada Linha do Oriente, constatamos que seus horizontes são muito mais amplos do que pensávamos.

Em primeiro lugar, esse Oriente não se refere ao Oriente geográfico, mas ao Oriente de Luz, ou Círculo Luminoso do Grande Oriente, que se encontra no plano astral. Também constatamos que a Linha do Oriente comporta, além dos chamados orientais, as correntes dos celtas, romanos, xamãs, maias e egípcios antigos, entre outras.

O Oriente sempre esteve presente nas raízes dos cultos de nação africanos. Ao pesquisarmos as recentes descobertas de antropólogos africanos, verificamos que o povo egípcio, na Antiguidade e nos primeiros anos de nossa era, invadiu a Nigéria, o Congo e Angola, levando sua religião a essas regiões, influenciando profundamente suas culturas. A maioria dos termos iorubás provém da língua egípcia antiga, inclusive o termo Orixá, que advém do deus egípcio Hórus.

Constatamos também ser reducionismo conceber a Umbanda como religião afro-brasileira. A Umbanda é também afro-brasileira, mas não só afro-brasileira. Ela sempre foi pensada como sincretismo entre as religiões africanas, indígenas brasileiras, cristã portuguesa e kardecista. Isso é o que se encontra nos livros e é decorrente do arquétipo criado durante o getulismo, para explicar o enigma da formação do povo brasileiro.

Embora estabelecido, esse modelo tenta ocultar a cultura céltica portuguesa, que, resistindo a milênios de perseguição e banida da cultura oficial, sobrevive até os nossos dias. Cada aldeia do interior de Portugal possui um "mestre", detentor desse conhecimento ancestral. Durante o período colonial, aqui vieram, foragidos do Santo Ofício, os principais mentores dessa religião "pagã" de origem céltica, centrada nos pontos de força da natureza.

Muitas entidades cultuadas na Umbanda podem ser encontradas no Portugal quinhentista e medieval, como o Exu Veludo (Saghatana), a Bruxa de Évora, a Pombogira Faceira, a Maria Quitéria e a Maria Padilha, personagem histórica que teria vivido entre 1334 e 1400 na Península Ibérica. Na tradição céltica do Alentejo e no norte de Portugal, ainda hoje, prestam-se cultos nos rochedos, nos lagos, nas fontes e nas encruzilhadas, onde se acendem velas e realizam oferendas.

Esse conhecimento céltico ancestral, que resiste por milênios, cria agora as bases para a grande aceitação e expansão que a Umbanda está tendo em território português.

A vibração do Oriente é característica da Umbanda, não existindo nas demais religiões denominadas afro-brasileiras. Neste início de milênio, a Umbanda constitui uma verdadeira parabólica em contínua formação, em que todos os povos, mesmo de religiões desaparecidas, encontram espaço para a sua missão e o seu trabalho.

Essa maravilhosa corrente de luz, a Linha do Oriente, está ativa no astral, pronta para atender às nossas invocações e realizar os seus belíssimos trabalhos de cura espiritual e física.

Esperamos que, com nossa contribuição, o leitor alargue seus horizontes na compreensão da profundidade e amplidão da nossa querida Umbanda.

Agradecemos ao historiador e irmão de fé Adriano Vieira Cazallas pela valiosa colaboração em esclarecer e precisar o sentido histórico de algumas passagens desta obra.

A UMBANDA

*A Umbanda é uma religião na qual as
grandes vertentes religiosas se entrelaçam
e cujas origens se perdem no tempo.*

As religiões são um recurso de Deus para que Ele sobreviva no coração dos homens. Por isso, Ele, eterno e imortal, é o fundamento de todas e renasce a partir dos restos imortais das religiões anteriores. Muitas religiões já foram dominantes no plano material, em regiões específicas do planeta, como a druida, a grega, a romana, a egípcia, a ameríndia e outras, mas foram sendo substituídas por causa do esgotamento das sociedades que as haviam adotado como vias de evolução.

Nada é estático, pois Deus é movimento e ação. Religião também não é algo estático. E, sempre que necessário, Deus cria as condições para que surja uma nova, com outras feições e com concepções renovadas a respeito d'Ele, o Criador. Diz a máxima que "a necessidade é a mãe das invenções"; assim, uma nova religião surge quando as existentes não estão correspondendo de alguma forma às necessidades espirituais, sociais e culturais da população, sendo premente uma nova corrente de pensamento. Para isso, hierarquias naturais são lançadas periodicamente no ciclo reencarnatório humano, com a finalidade de criar uma nova religião. "A hierarquia não encarna toda ao mesmo tempo e no mesmo lugar. Seus membros vão sendo incorporados às muitas correntes já existentes, nas quais absorverão os 'valores' humanos e se prepararão para um encontro final num local preestabelecido." (Rubens Saraceni, *Os Guardiões dos Sete Portais,* Madras Editora.)

Assim foi com a Umbanda no Brasil. Ela surgiu da necessidade de uma nova realidade cultural religiosa, miscigenada pelas diversas culturas dos diferentes povos que aqui se encontraram, juntando uma riqueza espiritual muito grande.

O transplante de brancos europeus e de milhões de irmãos africanos para um continente habitado por elementos vermelhos (índios), ainda que como escravos, foi vigiado o tempo todo pelo Alto do Altíssimo. Tanto na África quanto na América, culturas estagnadas no tempo precisavam renovar-se.

Pai Rubens Saraceni escreve que "o resultado está aí, e bem visível, pois, em apenas 500 anos, as transformações alteraram um modo de vida que já durava muitos milênios".

"Houve excessos, e os condenamos com veemência, pois consciências e vidas foram violentadas (...) aqui não vamos discutir aspectos políticos (...) e não tenham dúvidas, uma boa parte dos que foram feitos escravos, antes, em outras encarnações, já havia provado das 'delícias' de serem escravocratas.

Um culto religioso e todo um panteão divino estavam sendo transportados em navios negreiros." (*Gênese Divina de Umbanda Sagrada*, Madras Editora.)

No Brasil, ocorreram e ocorrem fusões, sincretismos, misturas de povos, de religiões, de culturas, e as coisas tradicionais recebem novas feições. A Umbanda, religião sincrética, por excelência, é uma expressão da nova feição da religiosidade brasileira, que tem sua formação baseada nos cultos de nação dos afro-descendentes, na pajelança tupi-guarani, na doutrina kardecista, nas religiões orientais e na magia branca ou positiva.

Os fundamentos divinos, religiosos, espirituais e magísticos de Umbanda foram herdados de religiões antiquíssimas e adaptados ao tempo, à cultura e ao grau evolutivo atual. Apesar de ter a sua estrutura religiosa espiritual pronta, com apenas um século de existência, a Umbanda ainda está em fase experimental, e sua estruturação material está sendo feita de forma lenta e gradual, embora já tenha uma feição religiosa muito bem definida.

A colonização portuguesa no Brasil escravizou e maltratou índios e negros. Esses espíritos, ora trabalhando no plano astral, ora como encarnados, lutavam para humanizar o coração do homem branco e fazer com que seus irmãos de raça se livrassem do rancor, do ódio e do sofrimento impingidos. Isso já acontecia entre os próprios europeus que foram caçados, torturados e mortos cruelmente – até mesmo queimados vivos –, considerados hereges, acusados de bruxaria, feitiçaria e sacrilégio.

Os espíritos que encarnaram como índios, caboclos ou mamelucos, negros, cafuzos e mulatos não tinham campo de atuação nos agrupamentos religiosos existentes, da mesma forma que os espíritos que tiveram encarnação em outros povos que migraram para o Brasil também não encontravam seu espaço de ação.

A Igreja Católica investia para eliminar as demais religiões, e o kardecismo aceitava como nobres apenas as comunicações de espíritos com títulos de "doutor". Os cultos de nação, principalmente iorubás, com seu tradicionalismo fechado, não aceitavam a presença dos guias, como os Caboclos e os Pretos-Velhos.

O ritual de Umbanda não aconteceu por acaso; foi pensado e idealizado no astral, antes de sua concretização no plano material. Os Senhores da Luz, os Orixás, projetaram e estruturaram uma nova religião, uma corrente astral aberta a todos os espíritos que quisessem praticar a caridade, independentemente das origens terrenas de suas encarnações, e que freasse o radicalismo religioso existente. Uma religião de massa, para acolher os milhões de espíritos que reencarnariam em solo brasileiro, no início do século XX, e que já haviam encarnado aqui ou em outras terras, com diversas religiões magísticas e naturais.

Uma nova religião que despertasse o dom da mediunidade, para que os espíritos missionários, identificados como Caboclos, Pretos-Velhos e Crianças, pudessem manifestar-se, trabalhar contra a ação maléfica dos seres trevosos e ajudar a limpar energias negativas, eliminando suas fontes de origem. Quanto às almas desencarnadas em sofrimento, facilitaria doutriná-las, conscientizá-las e socorrê-las com maior intensidade. Nesse momento, a preocupação não era a de codificar a Umbanda. Assim, a grande diversidade de formação religiosa dos espíritos que nela se manifestavam confundiu o saber religioso e provocou diferentes interpretações entre os umbandistas, os quais, por exemplo, misturavam as Sete Irradiações Divinas (Sete Grandes Linhas de Umbanda) com as linhas de ação e trabalho dos Caboclos, Pretos-Velhos e outros.

Um mistério divino possui suas hierarquias espalhadas por todas as religiões, pois tem alcance planetário e multidimensional. E, quando uma nova religião é fundada, hierarquias espirituais inteiras são deslocadas para dar sustentação a ela, até que se estabeleça com suas próprias hierarquias. Foi o que ocorreu com o Ritual de Umbanda Sagrada, quando milhares de espíritos estrangeiros trouxeram para ela suas formações religiosas e formas de cultuar o Divino Criador adaptadas à nascente religião brasileira.

Religiões não mais atuantes no plano material, e recolhidas ao seu lado espiritual, puderam colocar suas hierarquias espirituais nas linhas de trabalho de Umbanda, incorporando em seus médiuns, despertando e resgatando seus afins ainda no ciclo reencarnacionista.

Durante sua fundação e concretização, a Umbanda Sagrada mostrou-se uma via evolutiva tão atraente que uma quantidade enorme de espíritos afluiu para ela e foi preciso criar linhas ou correntes de trabalho para acomodá-los. Esses espíritos provinham de diferentes religiões, das quais ainda traziam latentes as suas últimas formações religiosas.

"Os tão procurados Mistérios de Elêusis, da *Tábua de Esmeralda* ou os mistérios egípcios, estão ocultados por trás dos nomes simbólicos usados pelos espíritos guias de Umbanda e foram conservados em sua essência pelos Orixás. São as mesmas divindades invocadas pelos mystas, pelos magos, pelos hierofantes, pelos cabalistas, só que com outros nomes, já que eles falavam outras línguas e os mostravam com outras aparências, em virtude de outras culturas e etnias os humanizarem para melhor serem cultuados (...) e ocultados." (Rubens Saraceni, *Código de Umbanda*, Madras Editora.)

No ritual de Umbanda Sagrada, universalista por excelência, estão presentes muitas das religiões que já existiram em nosso planeta e cada

uma delas recebeu uma ou várias "correntes espirituais", com suas legiões, falanges e subfalanges, sob a irradiação das divindades naturais renovadas na Umbanda, mantendo seus nomes africanos – os Orixás. Nessa religião, um espírito reverenciará sempre os Orixás aos quais já servia com outros nomes, pois Deus não cria novos mistérios e divindades a todo instante só para atender às necessidades de cada momento histórico. Ele os renova e os adapta às conveniências atuais.

Podemos citar, como exemplo, na linha de ação e trabalho dos Caboclos (na qual estão presentes muitas religiões), os Caboclos do Fogo, antigos magos do fogo, adoradores de Agni, na Índia, e os Caboclos Tupã, pajés adoradores de Tupã, no Brasil. Todos os espíritos agregados à corrente de trabalho dos Caboclos do Fogo, não importa a religião de origem, preservam seu culto e reverenciam os Orixás, já que tanto o deus hindu Agni quanto o deus indígena Tupã e o Orixá africano Xangô são o mesmo Trono da Justiça Divina.

A Umbanda é uma religião com fundamentos próprios, recebidos diretamente da espiritualidade. Não é um grupo dissidente, pois não surgiu para se opor a ninguém. Ela é a manifestação do espírito para a caridade, em que cantamos para Orixás, que são os senhores concretizadores da criação divina e regentes da evolução dos seres, criaturas e espécies, cujos fatores divinos estão na origem de tudo o que o Divino Criador criou.

As práticas de Umbanda, como a defumação, a magia natural e cerimonial, a manifestação mediúnica, a adoração às divindades e o culto à natureza, são milenares e atraem espíritos muito antigos, ancestrais já fora do círculo reencarnacionista. São verdadeiras egrégoras de remanescentes de outras religiões extintas na matéria, formando linhas ou correntes de trabalho umbandistas.

O maior mistério do Ritual de Umbanda é o grande contato com as forças da natureza, as quais atuam em todos os pontos do globo terrestre, são uma extensão do Divino Criador e a fonte de vida do planeta. Deus não é um ser inatingível que vive longe, lá no céu. Ele vive aqui mesmo e é mais facilmente encontrado nos pontos de força da natureza, onde, de maneira simples, podemos sentir Sua grandeza e comungar com Ele, além de ser encontrado na própria fé e vibração que cada praticante carrega.

As Sete Grandes Linhas de Umbanda são sete irradiações de Deus, há muito conhecidas pela humanidade (sete raios, setenário sagrado, sete chamas sagradas, sete cores do arco-íris, sete chacras...). Essas irradiações se projetam e recobrem todo o planeta, formando sete telas planetárias que estão em tudo e em todos os lugares ao mesmo tempo. Cada uma delas assume uma qualidade, uma essência e um elemento. E o que vemos é que cada Orixá tem sua qualidade, seu elemento e está assentado em uma das sete linhas de Umbanda.

As vibrações contínuas ativadas pelo mental divino irradiam energias despertadoras dos sentimentos de fé, amor, conhecimento, justiça, ordem, evolução e vida, em todas as dimensões. A vibração de fé, por exemplo, dirige-se a todas as criaturas e a ninguém em especial. Cada um crê e busca Deus segundo a concepção que tem d'Ele, e Ele aceita todas elas, não importando se é identificado em Jesus Cristo, em Buda, em Krishna, em Maomé, em Iavé, em Alá, em Brahma, em Zeus, em Hermes, em Agni, em Olorum ou Zambi, em Oxalá ou outros entendimentos humanos.

A Umbanda, embora muito combatida por algumas religiões mais velhas na forma, com todas as armas, recursos e truculências, tende a se estabelecer, crescer e firmar-se definitivamente no âmbito religioso mundial, sendo reconhecida como de grande utilidade pública. Deus é Um só e não tem religião. Quem criou na matéria as diferentes religiões, os templos com cerimônias, rituais e guarda de mistérios divinos, foi o homem.

A Umbanda não alimenta segregacionismo religioso de nenhuma espécie e vê as outras religiões também como legítimas representantes de Deus e ótimas vias evolutivas para seus fiéis.

A Umbanda não é panaceia para todos os males do corpo e da matéria, mas sim o aflorar da espiritualização sufocada por milênios e milênios de ignorância e descaso com as coisas do espírito. Ela é um movimento espiritual muito forte no astral e que sempre esteve ativo, mesmo com nomes diferentes, mas sempre ativo.

AS SETE LINHAS DE UMBANDA (IRRADIAÇÕES)

Por meio da mediunidade de Pai Rubens Saraceni, a espiritualidade nos esclareceu que as Sete Grandes Linhas de Umbanda são as manifestações da Coroa Divina (acima e regendo todas as religiões), de sete Tronos, de sete vibrações divinas, de sete irradiações de Deus sustentando tudo. Cada Linha assume uma qualidade, uma essência, um elemento divino.

Cada Orixá, que também tem seu elemento, sua qualidade e essência, assenta-se em uma das sete linhas. Para cada linha, que nos irradia o tempo todo sua qualidade divina, há dois Orixás Maiores, um masculino e um feminino. Todos os Orixás, conhecidos ou não, atuam nessas sete irradiações divinas.

Essas Sete Irradiações (ou Sete Grandes Linhas) são:

Linha	Orixás	Essência	Qualificativo
Da Fé	OXALÁ magnetizador	Cristalina	Congregador ou Cristalino
	LOGUNAN cristalizador		Conscientizador Temporal
Do Amor	OXUM conceptivo	Mineral	Agregador ou Mineral
	OXUMARÉ renovador		Renovador Aquático Mineral
Do Conhecimento	OXÓSSI expansor	Vegetal	Expansor ou Vegetal
	OBÁ concentrador		Afixador Telúrico Vegetal
Da Justiça	XANGÔ racionalizador	Ígnea	Equilibrador ou Ígneo
	EGUNITÁ energizador		Energizador Ígneo
Da Ordem	OGUM ordenador	Eólica	Ordenador Eólico
	IANSÃ direcionador		Direcionador Eólico
Da Evolução	OBALUAIÊ transmutador	Telúrica	Transmutador Telúrico-Aquático
	NANÃ decantador		Decantador Aquático-Telúrico
Da Geração	IEMANJÁ criacionista	Aquática	Criacionista Aquático
	OMOLU estabilizador		Estabilizador Telúrico

São Sete Linhas, 14 polos e 14 Orixás neles assentados, que sustentam todos os níveis vibratórios intermediários, ocupados por muitos Orixás. É um setenário mágico organizado por uma enormidade de seres, estruturalmente com posições definidas, hierarquizadas em legiões, estas em falanges, ambas com seus chefes, englobando um grande contingente de guias e protetores.

Assim como os Orixás se assentam nas Sete Linhas, também as demais entidades – guias, protetores, mentores – atuam por meio delas, em suas linhas ou correntes de trabalho. Esses espíritos iluminados que se manifestam na Umbanda alcançaram seus graus em outras religiões, mas se apresentam como Caboclos, Pretos-Velhos, Marinheiros, etc., na irradiação de um ou mais Orixás.

Nas Sete Grandes Linhas atuam os Orixás, que são divindades. Nas legiões e falanges das Linhas de Ação e Trabalho, atuam espíritos de Caboclos, Pretos-Velhos, Crianças, Marinheiros, Boiadeiros, Baianos, Ciganos, Exus, Pombogiras e outros.*

As Linhas de Trabalho e Ação de Umbanda cresceram tanto que formaram hierarquias pontificadas por espíritos que têm nomes simbólicos, associados aos elementos da natureza (às cores, aos vegetais, aos animais, etc.). São linhas de ação nas esferas espirituais e de trabalhos no plano material.

Nas legiões e falanges, nas Linhas de Ação e Trabalho dos Caboclos e dos Pretos-Velhos, por exemplo, sob suas formas plasmadas, estão ocultos grandes sacerdotes, filósofos, professores e sábios dos mais diferentes rituais, desencarnados há muitos séculos, como o Caboclo Sultão das Matas, o Caboclo Orixá Malé, o Pai Jacó do Oriente e outros.

Para melhor elucidação e entendimento da Linha do Oriente, também chamada Linha dos Mestres do Oriente, nos capítulos seguintes vamos lançar mão de pequenas sínteses de algumas das religiões antigas, que abrigam, no astral, entidades que se apresentam nessa linha ou em outras Linhas de Trabalho e Ação de Umbanda. Também vamos recorrer a alguns conhecimentos históricos que mostram a influência direta, em nosso país, da cultura e religiosidade de povos catalogados nas legiões e falanges da Linha do Oriente. Utilizaremos ainda relatos de entidades que se apresentam nessas falanges, feitos em comunicações mediúnicas nos templos ou em mensagem psicográficas.

Quanto aos relatos das experiências em viagens, vividas pelo coautor Alberto Marsicano, nesta encarnação, são exemplos vivos e atuais da ação direta de algumas entidades ligadas às linhas de trabalho ancestrais e desconhecidas do grande público.

---

*N.E.: Sugerimos a leitura de *Ciganos – Os Filhos Mágicos da Natureza*, de Rosaly Mariza Schepis, e de *Orixá Pombagira*, de Rubens Saraceni, ambos da Madras Editora.

O CÍRCULO LUMINOSO DO GRANDE ORIENTE

*Tinha sete anos, quando na ponte japonesa do Parque
do Ibirapuera, num belíssimo crepúsculo em que o lago
iridescia um dourado intenso, meu avô, que fora
alpinista no Himalaia, apontando-me o Sol, exclamou:
– Alberto, o Oriente!*

NOÇÕES DE ORIENTE

A bipartição Oriente–Ocidente é muito antiga, mas nessa separação não estão contidas todas as culturas da Terra. A referência ao Oriente está além de uma concepção geográfica, pois tem, principalmente, uma conotação política e cultural.

Geograficamente, tendo como referência o planisfério centralizado pela Europa, consideram-se Hemisfério Oriental as terras situadas a leste do meridiano de Greenwich, que tem como marco inicial o observatório astronômico no bairro londrino de mesmo nome. Mas o Oriente estaria demarcado pelo meridiano 75º leste, limite entre Europa oriental e ocidental.

Fundamentalmente, considera-se Ocidente a Europa e Oriente a Ásia. A separação Ocidente–Oriente é basicamente a oposição Europa–Ásia, excluindo dessa noção as populações que não fazem parte da Eurásia.

Etnicamente, considera-se oriental a etnia mongólica dos países do Leste da Ásia ou Extremo Oriente (China, Mongólia, Coreia do Sul, Coreia do Norte, Japão e Taiwan) e do Sudeste Asiático (Mianmar, Tailândia, Camboja, Vietnã, Laos, Malásia, Indonésia, Brunei, Filipinas e Cingapura).

Política e culturalmente, os ocidentais – europeus e americanos – consideram como orientais somente os asiáticos. A noção de Oriente que nós, povos americanos, temos é uma herança dos europeus e está além da significação geográfica.

A divisão da Eurásia em Europa e Ásia, bem como a invenção do Oriente, remonta às guerras entre os gregos e os persas. Politicamente, a própria Europa sofreu essa cisão Oriente–Ocidente, desde a divisão do

Império Romano e o estabelecimento da capital do Império ocidental em Roma e do Império oriental em Bizâncio.

O Império Romano do Ocidente se desagregou com a crise do escravismo no século III, sendo invadido, destruído e ocupado pelos povos germânicos: visigodos, ostrogodos, suevos, eslavos e outros. O Império Romano do Oriente, conhecido desde então como Império Bizantino, resistiu às invasões bárbaras, porém perdeu seus territórios no Egito e na Ásia, com o surgimento do Islã, com Maomé, em 630 d.C., e sua enorme expansão, tanto para leste quanto para oeste, ao longo desse século. A seguir, os turcos otomanos conquistam o Islã, mas, só no fim da Idade Média, a Turquia bombardeia e toma Bizâncio (chamada, então, Constantinopla), no ano de 1453, rebatizando-a novamente com o nome que até hoje ostenta, Istambul. Assim, o Império Bizantino marca, dentro da própria Europa, na região dos Bálcãs, uma presença oriental.

Nós, americanos, assimilamos a concepção que considera Ocidente a Europa, a América e a África, chama de Oriente a Ásia, mas não enquadra a Oceania nesse conceito. Essa divisão cultural Ocidente–Oriente mostra-se superficial quando pensamos no fato de que a antropologia vem provando, por meio de estudos linguísticos e do DNA, que a grande maioria dos povos indígenas americanos é originária da Mongólia siberiana.

Etimologicamente, a palavra Oriente vem do latim *oriente*, que significa o Sol nascente, derivada de *orior*, *orire*: surgir, tornar-se visível; a palavra Ocidente também vem do latim, *occidente*, que significa o Sol poente, de *occ-cidere*: embaixo.

O MMLC Mahi Mehi Hor Yê, em psicografia por inspiração mental para mãe Lurdes, diz que "O Oriente Luminoso é como a luz do Sol. Se o planeta gira de oeste para leste e o Sol sempre 'aparece' no Oriente, então os raios luminosos sempre virão do Oriente. Assim é o Grande Oriente Luminoso; não diz respeito a povos orientais, não é Oriente nos sentidos geográfico, cultural e étnico. Oriente é luz, é iluminação, é brilho, é ascensão.

O Círculo Luminoso do Grande Oriente é uma imensa escola iniciática, para os espíritos ascensionados. Essa sim é uma Ordem Iniciática verdadeira, mas no astral, na luz viva e divina do plano celestial. É uma grande escola de aceleração do conhecimento, para atuação em diferentes dimensões planetárias.

Esse Círculo Luminoso é sustentado por Orixás e por Guias Luminosos que não se manifestam em incorporações, pois suas funções estão ligadas à sustentação astral da religião e de suas diferentes linhas de atuação. É nessa egrégora que são concebidas as formas de atuações religiosas e são preparados os guias e protetores que atuarão nos templos, por meio das incorporações mediúnicas".

A LINHA DO ORIENTE NA UMBANDA

Lá do Oriente vem a Luz,
Chama Sagrada que orienta e nos conduz.
Ó Luz Divina, ó Luz de Deus,
Luz ilumine e abençoe os filhos seus.

Ponto cantado pelo Exu Veludo
Mãe Lurdes

A Umbanda é uma religião aberta, para a qual convergem milhões de espíritos, originários dos mais diversos rituais místicos e religiões, mesmo já extintas, como as europeias, a caldeia, a persa, a sumeriana, as caucasianas, a asteca, a maia e muitas outras. A influência orientalista na Umbanda vai muito além das modalidades rituais, como banhos e defumações, e de explicações esotéricas isoladas.

Fundamentos e rituais semelhantes são encontrados entre povos diferentes e distantes geograficamente. A Arqueologia demonstra, e a História confirma, que a confluência e irradiação das grandes civilizações antigas ocorreu no Egito, na China, na Pérsia, na Índia, na Babilônia, na Palestina, na Caldeia e na Europa Mediterrânea, com intercâmbios com todos os quadrantes do globo terrestre, sem descartar nem mesmo a Polinésia e demais ilhas vizinhas, a Austrália, a Nova Zelândia e as Américas.

O ser humano vive em diferentes ecossistemas, com modos de vida, anseios, necessidades e expectativas totalmente variadas. Suas concepções sobre o mesmo Criador são distintas e até opostas.

Dentre as várias ideias acerca de Deus, e suas vertentes religiosas, há duas principais: a de um Deus natural e a de um Deus impessoal.

Na concepção de um Deus natural enquadram-se as religiões que se identificam por meio da natureza e de suas divindades protetoras ou guardiãs. Essas divindades são as intermediárias, o elo forte, entre Deus e os homens.

Podemos considerar como religiões naturais a Umbanda Sagrada, as religiões tribais africanas e americanas, o Candomblé, o Hinduísmo pré-Budismo, o panteão greco-romano, os cultos naturais sino-japoneses e outros.

Na concepção de um Deus impessoal, estão as religiões que têm nos intérpretes humanos, os profetas, o elo de ligação com Deus, como Jesus Cristo, Maomé, Davi, Sidarta, Zaratustra, Salomão, Abraão e outros. São religiões impessoais o Judaísmo, o Cristianismo, o Islamismo, o Budismo, o Masdeísmo e outras.

Desde a mais remota antiguidade, entre todos os povos do mundo, surgiu uma sólida e autêntica tradição esotérica, dita a ciência dos magos, a sabedoria oculta dos patriarcas, os oráculos* e os mistérios religiosos dos povos antigos. Esses conhecimentos só têm chegado até nós em pequenos fragmentos, separados e difusos.

A Linha do Oriente, ou dos Mestres do Oriente, é parte da herança da Umbanda, com elementos de um passado comum, berço de todas as magias e alicerce básico das religiões. Ela abrigou as diversas entidades que não se encaixavam nas matrizes indígena, portuguesa e africana, formadoras do povo brasileiro, mas que mantiveram grande afinidade com os conceitos religiosos de suas encarnações e foram preparadas para atuar como guias luminosos.

Essas entidades conectam-se no astral com outras realidades e egrégoras que preservam conhecimentos milenares, que são vivificados. Quem aprende tem de usar o que aprendeu, e esses seres graduados, que se apresentam na chamada Linha do Oriente, são sábios que ajudam seus irmãos encarnados, independentemente da origem religiosa.

Muitos deles fazem parte do Círculo Místico do Grande Oriente. Como nos diz Pai Rubens Saraceni,[1] "são espíritos que não encarnam mais, mas que querem auxiliar os encarnados e desencarnados, em sua evolução rumo ao divino. Atitude mais que louvável e que indica que eles já se integraram aos seus dons ancestrais místicos".

Segundo Pai Rubens Saraceni, no livro *O Cavaleiro da Estrela Guia – A Saga Completa*, da Madras Editora, no Grande Oriente Luminoso, moram os 21 guardiões da lei, que são os guardiões dos mistérios da criação, sete para o plano superior, sete para o plano inferior e sete para o plano carnal. Eles "executam o que, num tempo imemorial, lhes designou o Criador de tudo e de todos. Como tal, velam para que as coisas divinas nunca sejam esquecidas pelos espíritos e também para que ninguém passe uma encarnação sem ao menos saber que Deus existe e que todos são regidos por suas leis eternas e imutáveis".

Servindo a esses guardiões, vivem espíritos que se libertaram do carma reencarnatório há milênios e que não mais possuem forma humana. A única via de acesso para esse plano espiritual mais elevado, onde se localiza a sede do Grande Oriente, é um facho de luz dourada.

---

*N.E.: Sugerimos a leitura de *Oráculo de Delfos – O Ancestral Místico*, de Rubens Saraceni, Madras Editora.

1. Rubens Saraceni. *Umbanda Sagrada – Religião, Ciência, Magia e Mistérios*, Madras Editora.

Mas há muitas subsedes do Grande Oriente Luminoso, com uma imensidão de servidores abnegados do Criador a seu serviço: são 77 mil iniciados, que juraram fazê-lo se derramar por todo o planeta e todos os povos, raças e religiões.

Os guias luminosos que se apresentam na Linha do Oriente ou em outras linhas, como entidades do Oriente, fazem parte dessas subsedes do Grande Oriente Luminoso. "Só o Oriente Luminoso acolhe todos sem distinção de raça, credo ou cor."

A Linha do Oriente tem enviado uma quantidade imensa de espíritos para a corrente astral de Umbanda. São entidades de elevado senso espiritual e moral e vêm com a missão de humanizar corações endurecidos e fecundar a fé, os valores espirituais, morais e éticos no mental humano.

Diversos templos umbandistas não têm por hábito trabalhar com a Linha do Oriente, talvez por desconhecerem os benefícios que os povos ligados às suas diversas falanges podem nos proporcionar. Se a evocarmos, com certeza seus guias nos darão a cobertura e as orientações necessárias e os consulentes poderão usufruir de seus magníficos trabalhos, principalmente relacionados à cura, campo em que gostam de atuar. Mas lembramos que esses trabalhos devem ser realizados com muito silêncio e compenetração, para atendimentos específicos, marcados antecipadamente pelas próprias entidades.

A Linha do Oriente[2] é regida por Pai Oxalá e por Pai Xangô e tem como patrono um espírito conhecido, em sua última encarnação, como João Batista, irradiador de muita luz, sincretizado com Xangô do Oriente e conhecido como Kaô.

João Batista era primo-irmão de Jesus Cristo e o batizou nas águas do Rio Jordão, o que lhe valeu, em seu tempo, o apelido de "o mergulhador". Também é conhecido como "o solitário do deserto".

João Batista vem, vem,
Vem, minha gente,
Vem chegando de Aruanda,
Salve o povo cor-de-rosa,
Salve os filhos de Umbanda.
João Batista vem, vem,
Vem, minha gente,
Vem chegando de Aruanda,
Salve fé, caridade,
Salve os filhos de Umbanda.

Ponto de São João Batista

Ponto de São João Batista

Dp[3]

---

2. Babajiananda, no livro *Vozes de Aruanda*, diz que a indevidamente chamada "Linha do Oriente" é, na verdade, um agrupamento no astral, espécie de loja etérea umbandista, onde ele é um iniciador.
3. Domínio público.

UMBANDA – CRISOL ESPIRITUAL ALQUÍMICO

A Umbanda é um verdadeiro crisol alquímico, em que se entrelaçaram basicamente os cultos africanos, ameríndios (índios brasileiros, incas, toltecas, astecas, maias, indígenas norte-americanos e outros) e a tradição magística portuguesa (que subsiste até hoje nas aldeias de Portugal).

Espíritos de índios e de negros africanos se uniram à Linha do Oriente, originando o Ritual de Umbanda, cujas Linhas de Ação e Trabalho seriam definidas no futuro.

A HIERARQUIA DE LUZ

MMLC Mahi Mehi Hor Yê – psicografado por mãe Lurdes.

O Grande Oriente Luminoso – ou o Círculo Luminoso do Grande Oriente – é uma egrégora astral sobre o planeta Terra, composta e comandada por seres ascensionados há muitos milênios. Essa organização estrutura no astral as grandes religiões, de diferentes povos da Terra, e as hierarquias de seres espirituais que atuam em cada uma delas. Ligados a esse Grande Círculo estão vários templos em diferentes regiões e com diferentes ordens, como o Templo Dourado dos Monges Chineses, o Templo dos Iniciados e muitos outros.

A Umbanda foi pensada e organizada por essa alta hierarquia planetária, na sua forma de atuação, nas suas linhas de trabalho e na maneira como iniciaria e evoluiria diante do tempo, adaptando-se à cultura e ao desenvolvimento social e econômico que ocorreria no solo brasileiro (...)

A chamada Linha do Oriente foi uma necessidade original de atuação, enquanto os fundamentos de Umbanda estavam sendo traduzidos para uma linguagem acessível ao homem na matéria. Foi uma estratégia de sustentação da Umbanda, no início do século XX, que dava firmeza para a atuação das demais linhas de trabalho. Hoje, isso é feito dentro de cada linha, na sua hierarquia própria. Essa é a tendência. Quando o ser ascende, é incorporado ao Grande Oriente e outros assumem o seu lugar nas linhas de trabalho agora já mais estruturadas e fundamentadas.

O astral pede que na atualidade os (...) templos de Umbanda se tornem escolas de ensino e aprendizagem da religião, capacitando os dirigentes e demais médiuns para o exercício de seus dons e obrigações. Obrigações sim, pois, quando se assume verdadeiramente a religião, há compromisso com a espiritualidade e obrigações a cuprir, tanto no comportamento cotidiano como nos dias de trabalho. À medida que o médium desenvolve sua mediunidade e sua espiritualidade, sua vida vai se pautando por valores e atitudes coerentes com os ensinamentos religiosos, não havendo diferença de comportamentos, esteja ele onde estiver.

Somos seres em evolução, e evoluir é também encontrar essa coerência, esse conjunto de valores e referências que nos dão a certeza e a confiança de que estamos no caminho correto e que nos enchem de alegria, dando-nos plenitude, satisfação e um coração sereno e amoroso.

Tudo isso é observado e registrado no Círculo Luminoso do Grande Oriente, pois muitos estão ligados a esse Círculo de alguma forma, mesmo encarnados e sem terem essa lembrança. Mas que a ligação com essa egrégora os faça, pelo menos, perseverar no aprendizado, para que possam ensinar e desenvolver seus semelhantes, cumprindo o compromisso assumido com essa hierarquia de luz.

A chamada "Linha do Oriente", na Umbanda, é uma linha de manifestação de seres desse Grande Círculo Luminoso, para a religião se estruturar no plano material. Hoje, muitos seres dessa hierarquia ascensionaram e o Oriente Luminoso pode se manifestar com suas entidades em todas as outras linhas de Umbanda, sem diferenciação do nome "Linha do Oriente", ou ser evocado especificamente na Linha do Oriente.

LINHA DO ORIENTE E MAGIA

MMLC Mahi Mehi Hor Yê, em intuição mental para Mãe Lurdes.

Os mais altos conhecimentos esotéricos da Antiguidade ficaram guardados no Círculo Luminoso do Grande Oriente e são conhecidos, no plano astral, pelas entidades que se manifestam na chamada Linha do Oriente.

São conhecimentos magísticos e espiritualistas desaparecidos no plano material e preservados no astral, mantidos com essas entidades, cada qual com o que era sabido na religião de seu povo.

O Oriente é de luz e de orientação, de luminosidade e não de povo oriental. Cada componente dessa linha guarda no astral os segredos iniciáticos do povo e religião em que viveu e os aplica, em parte, nas suas manifestações.

Muitas entidades que compunham essa chamada Linha do Oriente ascenderam, e muitas outras já estão em condições de ascender, mas estão aguardando a abertura de parte desses conhecimentos (por meio da magia divina) no plano material. As entidades dessa linha que ainda permanecem atuantes na incorporação continuarão se manifestando na Linha do Oriente e nas demais linhas existentes ou em outras que poderão se formar.

Atualmente, esses conhecimentos estão começando a ser abertos ao plano material. A magia divina, sem a conspurcação que lhe foi dada por "magos negros", está sendo aberta em grande escala, por necessidade premente do plano material e espiritual. Seu uso, por um número cada vez maior de pessoas, é fundamental, pois as esferas negativas estão coalhadas de seres que precisam ser resgatados e encaminhados para a recuperação, com urgência.

É preciso um grande número de magos para se tentar reverter esse quadro de muito sofrimento e de uso negativo de tantos seres que se encontram no astral inferior. Quando esses conhecimentos magísticos estiverem disseminados de forma ampla, a Linha do Oriente até poderá ser recolhida no astral, pois suas entidades formadoras e componentes já terão ascendido para planos mais elevados ou se manifestarão nas demais Linhas de Trabalho.

No futuro, a magia divina e a Umbanda se fundirão, num processo sincrético universalista, no qual os conhecimentos antigos estarão em prática de forma muito ampla e positiva, mas resguardados pelos juramentos.

A Linha do Oriente, apesar de não ser Oriente no sentido geográfico, popularizou-se e teve seus momentos gloriosos no Brasil nas décadas de 1950 e 1960, ocasião em que as tradições orientais budistas e hinduístas se firmaram entre os praticantes de modalidades ligadas ao orientalismo.

Espíritos falando nomes desconhecidos por nossa gente, que tiveram encarnações como indianos, tibetanos, chineses, egípcios, árabes e outros, incorporavam nos terreiros do Brasil, ao lado das Linhas de Trabalho de Caboclos e Pretos-Velhos, sem esquecermos os espíritos ciganos.

As inúmeras entidades que compõem a chamada Linha do Oriente são classificadas em sete legiões e diversas falanges, e muitos de seus espíritos apresentam-se como Caboclos, Pretos-Velhos e Ciganos.

O guia Yataman, no livro *A Umbanda Através da Magia*, assegura que "coube à Linha do Oriente, que é a base da estabilização da magia, unir-se à Umbanda pelos seus preceitos e dogmas fundamentais eternos, que são os mais simples. Unida essa Linha à Umbanda, deu ela ao mago umbandista a forma de captar mensagens orientais, dando ao seu ritual a força mágica de que é possuído o Oriente (...), a estabilidade perfeita nos trabalhos iniciáticos de magia oriental".

Os falangeiros da Linha do Oriente têm como símbolo o astro rei Sol, um dos símbolos de Pai Oxalá, que surge no Leste ou Oriente, e são grandes mestres do ocultismo. Suas cores são o amarelo dourado, do Sol resplandecente, cor da eternidade, que significa elevação espiritual, sabedoria, essência divina e o rosa da alvorada.

Vários são os povos cujas religiões tiveram e têm o Sol como símbolo: os indianos, os greco-romanos pagãos, os egípcios (no período de Ankenaton), os cristãos dos primeiros séculos, os incas (na América do Sul), os persas (com o Zoroastrismo) e muitos outros.

Entre os gregos, era o símbolo de Apolo; para os hindus, é Surya, o emblema de Vishsavanu que seus ancestrais chamavam de Bâlâditya (Sol nascente). Entre os chineses é o princípio ativo, o pai, o conhecimento intuitivo e imediato. Nas tradições dos índios americanos, é o deus dos homens e opõe-se à Lua. Entre os astecas, estava associado a uma divindade do fogo, representada por uma borboleta. No Hinduísmo, é o princípio pingala, que representa a viagem do ser na direção do Sol, na via dos deuses.[4]

"E um sol meus caros Irmãos, não é apenas um centro de gravidade que mantém em suas órbitas os planetas que dele dependem, e também não é apenas um mero doador de vida químico-física. É muito mais do que isso: o Sol é o Ponto de Luz da Mente de Deus dentro do sistema que ele constitui; é a Consciência do Plano de Evolução de todos os corpos celestes que dele dependem; é o Centro onde a Vontade de Deus é conhecida. E é também o Ponto de Amor do Coração de Deus... Por isso, pode-se dizer que todo Sol, por menos que seja, é Deus em pessoa."

Arcanjo Michael (Varela, Marisa. *Resgate*. Rio de Janeiro: Missão Orion, 1995).

---

4. Ler *Oxumaré – O Arco-Íris Sagrado*. Lurdes de Campos Vieira, Madras Editora.

CLASSIFICAÇÃO DA LINHA DO ORIENTE

> *Mistério é isso: surge, cumpre sua missão (seja ela redentora, doutrinadora, regeneradora, semeadora, consoladora, etc.) e depois recolhe-se em si mesmo e deixa o meio humano.*
> Pai Rubens Saraceni

Toda classificação apresenta problemas, pois é feita segundo critérios estabelecidos por quem a faz, mas sempre tem por objetivo tornar algo compreensível ou aceitável pela maioria.

Uma linha de ação e trabalho da Umbanda, para estar completa, precisa ter todos os seus graus positivos e negativos ocupados por espíritos humanos, ligados a um Trono de um Orixá menor. Os degraus são compostos por hierarcas da Tradição Natural, com nomes simbólicos. Só os hierarcas comandam legiões de espíritos.

Nem todas as linhas estão completas, novas estão se formando ou alguma já estabelecida poderá não se manifestar mais na dimensão material humana, permanecendo ativa no astral. O mesmo processo que tem ocorrido com as religiões já surgidas no plano material, que vieram, cumpriram suas missões e se recolheram, aguardando nova missão, pode acontecer com as Linhas de Ação e Trabalho.

A Linha do Oriente, ou Linha dos Mestres do Oriente, ainda está atuante e beneficiando aqueles que a invocam e a oferendam. É regida por Pai Oxalá, irradiador para a dimensão humana (matéria–espírito) do mistério da fé, e por Pai Xangô (fogo e calor divino), com entidades atuando nas irradiações dos diversos Orixás. A saudação para essa linha é "Salve o povo do Oriente!"; alguns usam saudar como "Kaô"(João Batista) e também "Salve o povo da cura!".

São João Batista é seu patrono espiritual e tem o comando dos povos do Oriente, onde se manifestam espíritos de profetas, apóstolos, iniciados, cabalistas, anacoretas, ascetas, pastores, santos, instrutores e peregrinos.

Segundo a tradição umbandista, a Linha do Oriente apresenta as seguintes legiões e espíritos chefes:

Legião	Chefe	Características
Indianos	Pai Zartu	Espíritos de antigos sacerdotes, mestres iogues, etc. Um dos seus mais conhecidos integrantes é Ramatis.
Árabes, Persas, Turcos e Hebreus	Pai Jimbarue	Espíritos de mouros, guerreiros nômades do deserto (tuaregues), sábios marroquinos, etc. A maioria é muçulmana. Uma das falanges é composta por rabinos e mestres judeus que ensinam na Umbanda a misteriosa Cabala.*
Chineses, Tibetanos, Japoneses e Mongois	Pai Ory do Oriente	Espíritos de chineses, tibetanos, japoneses, mongóis, etc. Curiosamente, uma falange está integrada por espíritos de origem esquimó, que trabalham muito bem no desmanche de demandas e feitiços de magia negra.
Egípcios	Pai Inhoarairi	Espíritos de antigos sacerdotes, sacerdotisas e magos.
Maias, Toltecas, Astecas, Incas e Caraíbas	Pai Itaraici	Espíritos de sacerdotes, chefes e guerreiros desses povos da América Pré-Colombiana.
Europeus	Imperador Marcus I	Espíritos de sábios, magos, mestres e velhos guerreiros de origem europeia: romanos, gauleses, ingleses, escandinavos, etc.
Médicos, Curadores, Sábios e Xamãs	Pai José de Arimateia	Os espíritos desta falange são especializados na arte da cura, que é integrada por médicos, terapeutas, curandeiros, raizeiros e xamãs de diversas origens.

Lembramos que muitos espíritos que fizeram parte de religiões antigas, desaparecidas ou ainda vigentes no plano material, apresentam-se na Linha do Oriente ou em outras Linhas da Umbanda. Damos como exemplo os Caboclos do Fogo, o Caboclo Pena de Pavão, o Caboclo Tupaíba, o Caboclo Sultão das Matas, o Caboclo Akuan, o Caboclo Orixá Malê, o Caboclo Peri, o

---

*N.E.: Sugerimos a leitura de *Uma Introdução ao Estudo da Cabala*, de William Wynn Westcott, Madras Editora.

Preto-Velho Pai Jacó do Oriente, o Exu Veludo, cujo nome indiano é Saghatana, o Exu Cigano e a Pombagira Cigana do Oriente, dentre muitos outros.

O Exu Veludo do Oriente trabalha normalmente nessa linha. Outras vezes, apresenta-se vestido de forma luxuosa, no estilo muçulmano, e muitos videntes o confundem com um cigano e o associam com essa linha. Exu Veludo realmente trabalha com os ciganos, tendo até mesmo um caminho em que se apresenta como um deles.

Apresentamos a seguir algumas características dessa linha, de acordo com Edmundo Pellizari:

- **Locais para oferendas**: colinas descampadas, praias desertas, jardins reservados, matas, santuários ou congás domésticos.
- **Velas**: amarelas, azul-claras, rosa, laranja e brancas.
- **Essências**: alfazema, olíbano, benjoim, mirra, sândalo e tâmara.
- **Pedras**: citrino, quartzo rutilado, topázio imperial (citrino tornado amarelo por aquecimento) e topázio.
- **Dia** da semana para culto e oferendas: quinta-feira.
- **Lua propícia para oferenda mensal**: segundo dia do quarto minguante ou primeiro dia da lua cheia.
- **Guias ou colares**: com 108 contas, brancas e amarelas, intercaladas e fechadas com firma branca.

As entidades indianas também utilizam o rosário de sândalo ou tulasi, com 108 contas (japa mala). Alguns solicitam as guias de acordo com a irradiação e o mistério com que trabalham.

Os **pontos cantados** dessa linha, além da eficiência invocatória, têm eficácia mântrica, com finalidades específicas, e devem ser acompanhados das respectivas oferendas. As informações sobre os demais elementos utilizados serão encontradas, no decorrer do texto, nas oferendas para cada legião ou falange.

A Estrela do oriente brilhou no céu,
ô, lá no céu ela brilhou, brilhou!

Estrela viva que ilumina o meu viver,
Estrela viva, minha guia, meu amor,
Brilha bem alto, brilha pra nos proteger,
Brilha bem forte com todo o seu explendor!

Mãe Lurdes

A LEGIÃO DOS INDIANOS

Verdade, manifesta-te!
Sri Aurobindo – mestre iogue

Composta por antigos sacerdotes indianos, mestres iniciados no Vedanta,[5] Sadhus.[6] Tem como mentor Pai Zartu.

Ai, meu Deus, o que será?
Ai, meu Deus, o que será?
É Zartu, chefe indiano,
com sua falange vem nos ajudar!

Ponto de Zartu
Dp

Vem do Oriente
Vem do Oriente
Chegou Zartu
Com o povo hindu

Ponto de Zartu
Dp

Estrela do Oriente
Estrela do Oriente
Chegou Zartu
Com sua corrente

Ponto de Zartu
Dp

Ponto de Zaetu (O Indiano)

---

5. Sistema de filosofia mística, desenvolvido por gerações de sábios, para interpretar o significado secreto dos Upanishads (palavra revelada – verdade suprema).
6. Sadhus são iniciados indianos que, despojados de tudo, detêm apenas uma veste ocre e um cajado, percorrendo em peregrinação os templos sagrados do Ganges.

O HINDUÍSMO

A essência do Hinduísmo reside em seu caráter orgânico. Tudo pulsa biologicamente. É a seiva vital, os fluidos prânicos que permeiam a vida, dando-lhe cor, sabor e alegria. Daí a grande conexão com a Umbanda. As serpentes de Oxumaré envolvem Shiva, o dançarino cósmico. Tudo se sucede organicamente, como células num lúdico jogo. As encarnações, as notas musicais do raga, as escadarias de pedra que imergem no Ganges, poeticamente representando a purificação das sucessivas passagens.

O Hinduísmo é a denominação das várias formas religiosas da Índia, engendradas a partir dos Vedas, textos sagrados. O nome Hinduísmo foi imposto pelos gregos que seguiram Alexandre, o Grande, pela Índia. Caracteriza-se por imensa diversidade e capacidade de absorver novas expressões religiosas e pelo desapego, bom caminho e boa conduta. Tem suas raízes há 4.500 anos, nas remotas tradições e nas várias tendências dos primeiros habitantes do vale do Rio Indo, de cultura dravídica religiosa e oral.

A mistura dessas tendências, dessa tradição oral, formou a cultura e a religião védica, permeada de deuses e deusas que conduzem à trindade Brahma (criação), Vishnu (preservação) e Shiva (destruição), que são um só, assumindo diferentes denominações. Os deuses se manifestam em avatares ou descendidos, quando aparecem na Terra.

Os sacerdotes recitavam os hinos védicos durante os sacrifícios aos seus deuses, e foram compostas quatro coletâneas de textos, que incluem épicos como o *Ramayana* e o *Mahabharata*, com seu belíssimo poema *Bhagavad Gita*. A essência do Hinduísmo resulta de um dos textos espirituais mais importantes, as escrituras dos *Upanishads*,* que são diálogos entre mestre e discípulo.

---

*N.E.: Sugerimos a leitura de *As Upanishads do Yoga*, de Carlos Alberto Tinoco, Madras Editora.

Para os hindus, independentemente de sua crença, existem quatro objetivos na vida: a *artha*, que é a busca de sucesso mundano, o *dharma*, que é a religiosidade, o *karma*, que é a busca do prazer verdadeiro, e a *moksha*, que é a iluminação. Ainda que o poder de *maya*, a ilusão, faça o mundo parecer real, Brahma é a realidade última e sem forma. As pessoas possuem uma alma ou espírito – *atman* – que é indestrutível e idêntica a Brahma, e as coisas criadas do mundo compartilham uma unidade espiritual. A existência futura de *atman* está determinada pelo *karma* – resultado de todas as ações – e o *karma* pode alcançar a libertação (*moksha*), por meio dos sucessivos nascimentos e mortes (*samsara*).

O culto, tanto ritual quanto de contemplação da imagem, no lar, é de fundamental importância. Os principais caminhos do Hinduísmo são o sacrifício, a devoção e o conhecimento ou compreensão, e todos objetivam a iluminação espiritual.

O caminho do sacrifício é um costume antigo e, juntamente com as boas ações, desempenha papel capital no Hinduísmo.

O caminho da devoção (*bhakti*) não requer ajuda de um sacerdote ou guru e é o modo mais simples de experimentar a união que existe entre a alma individual e o espírito universal. Consiste na devoção ou rendição total a um deus ou a uma deusa pessoal e na ação, trabalhando-se, desinteressadamente de ganho próprio, para que os feitos, bons ou maus, não amarrem a alma a vidas sucessivas.

Já o caminho do conhecimento (*jnana*) depende de um guru que explica, a partir da natureza da criação, a alma, o Universo e o lugar dos seres, ou seja, a verdadeira natureza da existência. O conhecimento que traz a salvação é o de que a alma humana e o mundo espiritual são uma coisa só.

Para o hindu, as práticas religiosas são boas, pois cada uma depende do nível espiritual da pessoa, do mais grosseiro ao mais sutil. Em quase todas as seitas, religião significa realização, e um indivíduo só pode dizer que é religioso ou espiritual quando realizou algo sobre Deus, o autoconhecimento, a verdade, etc., alcançando níveis mais elevados de existência.

RAMATIS

Um dos mais notáveis integrantes da legião dos indianos é Ramatis.

Ramatis, espírito muito experiente nas lides reencarnacionistas, foi adepto da tradição de Rama. Viveu na Indochina no século X e foi instrutor em um dos santuários iniciáticos indianos, onde era conhecido como Swami Sri Ramatys.

Ramatis, a luz brilhante
Que veio iluminar
Precioso diamante
No infinito a brilhar

Ponto de Ramatis
Marsicano

Após certa disciplina de iniciação na China, foi fundador de um pequeno templo iniciático na Índia, onde eram desenvolvidos conhecimentos sobre Magnetismo, Radiestesia, Psicometria, Astrologia, Clarividência e assuntos quirológicos, aliados à Fisiologia do duplo etério. Morreu jovem e, no espaço, faz parte da Fraternidade da Cruz e do Triângulo, com pendor universalista e simpático aos trabalhos das diversas correntes religiosas do mundo. Segundo ele, no século XIX, recebeu a missão de unir as tradições religiosas do Oriente e do Ocidente.

Ramatis, de acordo com Norberto Peixoto em *Jardim dos Orixás*, no astral de Umbanda, é chamado carinhosamente de Caboclo Atlante e atua na irradiação do Orixá Ogum. Também se apresenta com a forma plasmada de Pai Benedito.

Espíritos de mestres orientais vêm, reencarnando no Ocidente como verdadeiros Bodhisatvas (os portadores da lanterna) da cultura milenar oriental.

Vários exemplos ocorreram nessa época, como Claude Monet, cuja pintura impressionista revela todo o conhecimento de um magistral pintor chinês, que fora em outra vida. Claude Debussy plasmaria, na música, escalas e uma concepção de tempo oriental.

O CABOCLO PENA DE PAVÃO

Atualmente, na Umbanda, na legião dos indianos, destaca-se o Caboclo Pena de Pavão, que trabalha com as forças espirituais de origem indiana e é regido pelo mistério Oxóssi.

A pena, também usada para escrever, simboliza o saber, o conhecimento, a doutrina, a essência vegetal e as matas de Pai Oxóssi, Orixá masculino do Trono do Conhecimento.

O pavão é um animal venerado na Índia, porque suas penas têm as cores do arco-íris, símbolo de Pai Oxumaré, Orixá masculino do Trono do Amor. A circunferência azul no centro da pena representa o Cosmos.

Os querubins trazem penas de pavão cheias de olhos, simbolizando a onisciência divina. Eles zelam pela sabedoria e nos ofertam conhecimentos e ideias.

Um caboclo Pena de Pavão é um espírito sustentado pelo Orixá Oxóssi, atuando na irradiação do Orixá Oxumaré. Suas atribuições, na doutrina do Ritual de Umbanda Sagrada, são as de velar pelo conhecimento nos sete sentidos da vida e cuidar das ideias, renovando-os sempre. Todo caboclo que responde pelo nome simbólico "Pena de Pavão" é um doutrinador, renovador do conhecimento, do amor, do saber e das ideias, desencadeando emoções e estimulando a fé.

O CABOCLO SULTÃO[7] DAS MATAS

Outro caboclo que atua nessa legião é o Caboclo Sultão das Matas. Segundo Pai Rubens Saraceni, no livro *Código de Umbanda*, esse nome simbólico indica que ele está sob a regência e irradiação do Orixá Oxóssi, que atua com a essência vegetal.

O espírito responsável pela falange de Caboclos Sultão das Matas é um mestre de luz hindu, cuja última encarnação ocorreu há 1.800 anos; tem uma ordem religiosa na religião cristã e atua em diversas religiões. O Caboclo Sultão das Matas é um mestre de Luz e já atua em oito religiões diferentes, nas quais encarnaram e encarnam espíritos já há muito amparados pela hierarquia espiritual fundada por ele no astral. A hierarquia do Caboclo Sultão das Matas é sustentada por uma divindade conhecida na Índia pelo seu nome hindu, mas que na Umbanda é conhecida por Oxóssi.

---

7. Sultão aqui tem o mesmo significado de marajá (*maharaja* ou grande rei).

Pontos Cantados do Caboclo Sultão das Matas

Sultão da mata me mandou chamar
pra ver as voltas que a Jurema dá.
Olha a Jurema, olha a Jurema,
é uma cabocla coberta de penas.

Dp

Me chamam Sultão das Matas
Das Matas, eu sou Sultão.
Me chamo Sultão da Ardeia,
Da Ardeia, um coração.
Sultão das Matas, ê, ê,
Sultão da Ardeia, ê, á,
Sultão da Ardeia, ê, á,
Você viu Sultão das Matas?
Você viu o Caipora?
Você viu Oxalá
Por detrás daquele monte?

Dp

O CABOCLO SETE MARES

Como todo caboclo, é regido por Pai Oxóssi. Trabalha nas sete irradiações divinas, portanto, é um Caboclo de Oxalá e, sendo dos mares, vem na irradiação de Mãe Iemanjá.

Ponto do Caboclo Sete Mares[8]
(Povo Indiano da Umbanda)

Venho de uma terra longínqua
Para meus filhos trabalhar
Sou Caboclo Sete Mares
Trago bênção, trago bênção, para vos dar.
Minha mãe é Nossa Senhora
Nossa Senhora da Dor
Deu-me esta luz tão sagrada
Pelo amor, pelo amor do redentor!

---

8. In *777 Pontos Cantados e Riscados na Umbanda.* Editora Espiritualista.

A ÍNDIA E O BRASIL

O aboio do boiadeiro nordestino, que se recusa a enquadrar-se no pentagrama musical, é evidentemente de origem oriental.

Luís da Câmara Cascudo

O ser humano é como o coco,
Áspero por fora e doce por dentro.
Provérbio Goense

Tem muito azul em torno dele,
Azul no céu, azul no mar,
Azul no sangue à flor da pele,
Os pés de lótus de Krishna.

Tem muito azul em torno dela,
Azul no sangue à flor da pele,
As mãos de rosa de Iemanjá.
Os pés na Índia e a mão na África
Os pés no céu e a mão no mar.
Péricles Cavalcante

Os portugueses que aportaram no século XV em Calicute, com Vasco da Gama, podem honrar-se de ter sido o único povo ocidental a influenciar a música clássica da Índia. Diversas ragas (peças clássicas indianas) foram criadas a partir da essência de sua música renascentista e das antigas canções folclóricas portuguesas e constituem o Portuguese Tappa.

Além disso, a moderna Antropologia vem apontando uma forte conexão entre os indo-arianos, que imigraram para a Europa, e o povo celta. As escalas da música folclórica da chamada "Celtic Nation" – Bretanha e Normandia (França), Galícia e Astúrias (Espanha), Trás-os-Montes e Minho (Portugal), Gales, Inglaterra, Escócia e Irlanda – são idênticas às dos ragas. Atualmente, a fusão entre a música indiana e a portuguesa vem sendo pesquisada pelo genial flautista Rão Kyao (iniciado na flauta indiana Bansuri).

AS NAVEGAÇÕES

"As caravelas lusitanas, por mais de quatro séculos partindo de Goa (Índia portuguesa), faziam escala em Salvador e outros portos brasileiros, antes de chegar a Lisboa. Dessas embarcações, além das lendárias especiarias, aqui aportavam indianos com nomes e sobrenomes portugueses (como os escravos africanos, foram obrigados a trocar seus nomes originais) e muitos se radicaram por aqui, mesclando-se incólumes à população.

Artistas de Goa e Macau (China portuguesa) percorreram nosso país durante o período colonial. Perto de Salvador existe uma igreja ornada com magníficas e policromáticas pinturas chinesas dos santos católicos, decerto de origem macauense. Em Minas, chegou-se a levantar a hipótese de influência da estatuaria chinesa de Macau (arte milenar extremamente sofisticada), na obra do Aleijadinho, cujos profetas e santos exibem olhos puxados orientais.

A Torre do Tombo em Portugal guarda documentos atestando a presença de artesãos e músicos indianos nos engenhos brasileiros dos séculos XVII e XVIII. Chego até a imaginar citaristas tocando em nossas varandas coloniais.

Com o Zebu indiano também chegaram seus boiadeiros, trazendo as milenares cantigas de tanger o gado. O grande folclorista Câmara Cascudo, em seu primeiro e antológico livro *Vaqueiros e Cantadores* (1939), considerou o aboio (toada do vaqueiro nordestino) como um cântico microtonal de origem oriental. A escala do aboio não pertence à música islâmica (não chegou aqui via Algarve), como pode parecer à primeira vista, e existe apenas no sistema do raga indiano.

A Índia paira misteriosamente sobre o Brasil. Esta relação, ainda pouco mapeada, aflora em nossa cultura popular por meio de fenômenos como a Sociedade Filhos de Gandhi, que em Salvador conta mais de 50 mil membros. O grande cineasta Goffredo da Silva Telles abordou esse tema no vídeo *Brasilíndia*.[9]

---

9. *Brasilíndia*: vídeo de Goffredo da Silva Telles, gravado no Terreiro do Gantois, em Salvador. Ver *www.marsicano.tk*.

Da Índia vieram a banana, o coco, a cana-de-açúcar, a manga, a canela, a carambola, a jaca, o tamarindo, o cajá, a fruta-do-conde e inúmeras outras frutas tropicais. Em nossa gastronomia, pratos considerados como autenticamente brasileiros, como a galinha à cabidela (kabidel), são originários de Goa (Índia portuguesa).

A tecnologia dos produtos derivados da cana-de-açúcar em nossos engenhos coloniais, como o melaço, a rapadura e a refinação, entre outros, é proveniente dos engenhos indianos de Gujarat e Bengala. Mas esse intercâmbio não se deu apenas de lá para cá. O caju e o abacaxi, que podem ser encontrados em toda a Índia, foram do Brasil para lá." (Alberto Marsicano, *A Música Clássica da Índia*, Editora Perspectiva.)

OS CABOCLOS DO FOGO

Os Caboclos do Fogo têm todos os seus graus muito bem assentados no campo da magia. Foram magos adoradores de Agni, na Índia, ou de Tupã, no Brasil. Agni e o Trono da Justiça Divina (Xangô) são a mesma divindade planetária, adaptada a dois povos, duas culturas e duas formas de adoração do fogo.

Os Caboclos do Fogo são irradiadores de energia ígnea, são justos, ajuizados e de procedimentos retos. São justiceiros, judiciosos, aparando as imperfeições e estimulando o senso de justiça e equilíbrio. São evocados para devolver o equilíbrio e a razão aos seres e aos procedimentos desequilibrados e emocionados.

Sua presença é solicitada para clamar pela justiça divina, pela paz, pela harmonia, pelo equilíbrio mental e emocional, pelo racional e até por nossa saúde, que necessita de equilíbrio vibratório também no corpo físico.

Ponto Cantado dos Caboclos do Fogo

Guerreiros do fogo!
Guerreiros da luz!
Guerreiros nos trazem
Força e muita luz!

Guerreiro em teu nome,
Com todas as falanges!
Guerreiro com tua espada,
Altiva e ligeira
Protege teus filhos.
      Jesy Zettermann

OFERENDA PARA A LEGIÃO INDIANA

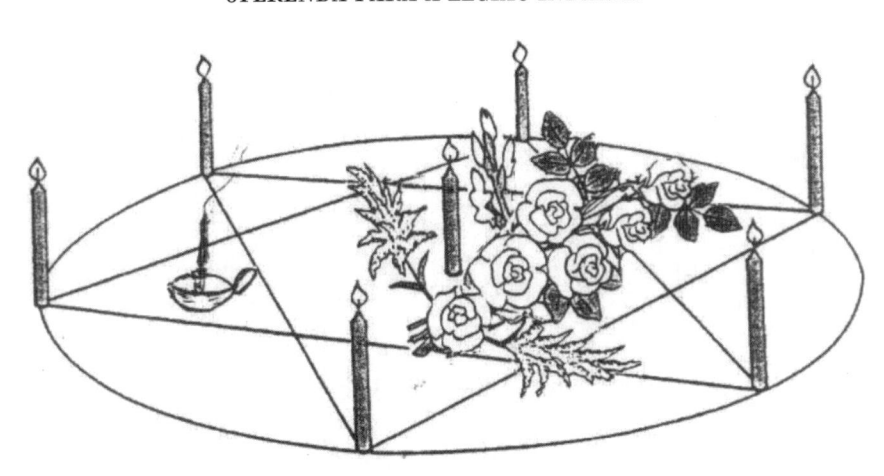

Para afastar energias negativas diversas: traçar no chão, com pemba amarela, uma estrela de seis pontas (hexagrama). Firmar três, cinco ou sete velas amarelas e colocar flores brancas ou amarelas e incenso de verbena, de rosa ou de outras flores, dentro do hexagrama.

Entoar – cantar ou recitar – o ponto do povo hindu.

Ai, meu Deus, o que será?
Ai, meu Deus, o que será?
É Zartu, chefe indiano,
com sua falange vem nos ajudar!

Dp

A LEGIÃO DOS ÁRABES, PERSAS, TURCOS E HEBREUS

O homem de Deus cavalgou para fora do não-ser.
O homem de Deus acercou-se com porte sublime.
O homem de Deus está oculto, ó Shams-ud-Dîn!
Procura e encontra o homem de Deus.
Rûmî – poeta persa

Esta legião é chefiada por Pai Jimbaruê e composta por falanges de antigos sacerdotes persas, árabes, derviches sufis (dançarinos de Deus), guerreiros tuaregues (nômades do deserto), sábios marroquinos, ex-escravos brasileiros muçulmanos (malês) e outros. Uma de suas subfalanges é composta por rabinos, mestres cabalistas. Na falange dos povos nômades do deserto, podemos citar os médicos Mustafá e Mahamed.

Jimbaruê, Jimbaruê, Jimbaruê!
Quem é você, Jimbaruê?
Eu venho de Aruanda,
Pra salvar filhos de Umbanda!
Minha falange é grande
E muito poderosa.
Tem povo marroquino;
Tem povo beduíno
E tem povo muçulmano!
Eu sou Jimbaruê,
Tiro teima e desengano...

Ponto de Jimbaruê
(In: *777 Pontos Cantados e Riscados da Umbanda*, Editora Espiritualista)

RELIGIÕES DO ORIENTE MÉDIO

O Oriente Médio é o berço do Judaísmo, do Cristianismo e do Islamismo, que são religiões monoteístas, também chamadas "Abraâmicas", por sua fé no Deus Único, que teria Se revelado a Abraão, o primeiro dos patriarcas bíblicos.

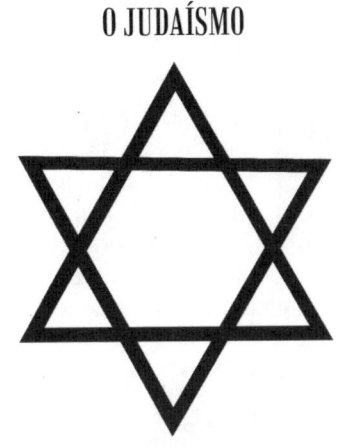

O JUDAÍSMO

O Judaísmo se assenta sobre três pilares: a adoração, as boas ações e a Torá, seu texto religioso central. Essa religião tem como afirmação básica "não fazer aos outros aquilo que lhe é detestável".

A moralidade do homem, a maneira como ele se comporta com o seu próximo, é a prova de como ele se comporta com Deus. Destacam-se qualidades eticamente boas, como hospitalidade, boa vontade para ajudar, generosidade, honestidade e respeito pelos pais. Para eles, fazer caridade não é dar esmolas, mas sim fazer justiça, palavra usada na Bíblia para se referir à ajuda aos pobres, e inclui também os estrangeiros e fracos (viúvas e órfãos).

"O Judaísmo está fundamentado no 'dodecágono' ou nas 12 tribos de Israel, que, na verdade, simbolizam 12 divindades-mistérios com cada uma ocupando um vértice ou cruzamento do hexágono ou da estrela de seis pontas, a estrela de David.

E, não casualmente, os antigos intérpretes do Judaísmo descreviam Iavé como o 'Deus do Fogo' cuja espada flamejante ou raios incandescidos dizimavam os exércitos dos inimigos de Israel.

Se observarem bem certas passagens do Velho Testamento, verão em Iavé uma grande analogia com o Orixá Xangô, senhor da justiça divina e do fogo, dos raios e da ira com os inimigos do seu império." (Rubens Saraceni, *Tratado Geral de Umbanda,* Madras Editora).

Os judeus têm um elaborado sistema de leis rituais, estritas normas alimentares e conferem significado sagrado a todos os aspectos da vida diária. Seu texto religioso básico é a Torá (A Lei) ou Pentateuco, que abrange os cinco primeiros livros da Bíblia – o Antigo Testamento ou os cinco livros de Moisés. Essa religião também é chamada de mosaica, já que Moisés é considerado um de seus fundadores.

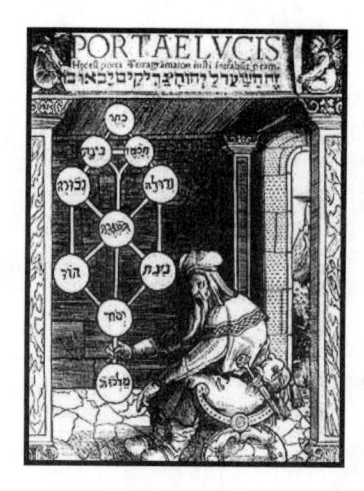

De acordo com o livro *Código de Umbanda*, do Pai Rubens Saraceni, o Judaísmo é uma religião magneticamente negativa, pois fecha os horizontes religiosos dos seus fiéis, individualizando-os.

Atualmente, existem várias correntes judaicas, como as do Judaísmo conservador, do ortodoxo, do arabizado, do reformista e outras.

O Judaísmo tem na Cabala (Tradição) sua via mística. Algumas das ideias dos cabalistas são revolucionárias, como a de dar uma interpretação esotérica à Torá – o livro das Leis Mosaicas, também chamado de Pentateuco. Os cabalistas afirmavam que por meio da Torá Deus revelou as verdades sobre Ele mesmo e sobre o Universo. Para eles, a mente finita não pode conter o infinito, Deus (*Ein Sof*), daí estar além da nossa compreensão.

O *Zohar* (primeiro livro que delineou o pensamento cabalista com clareza) descreve as *sephirot* como atributos de Deus ou representações, por meio das quais Deus revela a Si mesmo. Elas formam o padrão para a interação entre Deus e o homem, ideia usada pelos cabalistas para a criação de um mapa, um modelo desse padrão – a Árvore da Vida.

A Mensagem Primordial

"Certa vez, um dos maiores expoentes da corrente reformista do Judaísmo, o rabino Reb Szalmann, contou-me que recebera uma força muito especial de Deus, pois se iniciara em um campo de concentração, quando criança. Nessa 'época limite', tivera o privilégio de receber a dádiva.

Ao lhe perguntar sobre os misteriosos liames que haveria entre o Judaísmo e o Zen-Budismo – título de um de seus estudos –, revelou-me que 'todas as religiões da Antiguidade beberam na mesma fonte'. Todas ouviram o 'Big-Bang primordial' e conservam, até hoje, essa mensagem."

Alberto Marsicano

Destacamos como entidades judaicas, que se manifestam na Umbanda, o Pai Jacó do Oriente e o Cacique Jacó.

Pai Jacó do Oriente também se apresenta na legião dos médicos, sábios, curadores e xamãs.

O CACIQUE JACÓ

Na falange do Caboclo Cobra Coral, apresenta-se o Cacique Jacó. É regido pelo Orixá Oxóssi e atua na irradiação de Xangô e Omolu, pois se mostra com as cores branca, vermelha e preta, características desse Orixá. É entidade de cura e, apesar de fazer parte da falange do Caboclo Cobra Coral, apresenta-se com nome hebreu e traz a cobra de Oxumaré.

Ponto Cantado do Cacique Jacó

Foi na beira do rio azul
Eu encontrei o seu cobra coral
O rei, o rei, não me mate a caninana,
O rei, o rei, ele é o cacique Jacó.

Dp

O CRISTIANISMO

O Cristianismo, conjunto de religiões cristãs (Catolicismo, Protestantismo e religiões ortodoxas orientais) está baseado na pessoa, na vida e na obra de Jesus Cristo, sobejamente conhecida por todos. É a filosofia de vida que mais fortemente caracteriza a sociedade ocidental.

O Guardião Tranca-Ruas, em psicografia a Pai Rubens Saraceni, diz que o Cristianismo nascente era "muito parecido em seu começo com o atual Espiritismo Kardecista, pois afastavam espíritos obsessores e realizavam operações e curas espirituais". (*O Guardião dos Caminhos,* Madras Editora.)

"O Cristianismo renovou a dinâmica religiosa judaica e, fundamentado no Velho Testamento, criou um novo e adaptado à sua dinâmica religiosa. E mesmo dentro do Cristianismo, a divisão da Igreja entre Roma e Constantinopla gerou duas formas de cultuarem Jesus. Isso até o advento do Protestantismo, que criou sua forma de cultuá-lo.

E veio o Espiritismo de Kardec, fundamentado no Senhor Jesus Cristo e nos seus evangelhos (...) e vieram muitas seitas cristãs fundamentadas no culto a Ele, mas com suas dinâmicas próprias e algumas até o reinterpretaram reaproximando-o das pessoas que creem nele e o têm como 'O Salvador'.

O senhor Jesus Cristo é um ser divino e tornou-se 'religiosamente' um mistério em si mesmo e com isso pode ter seu culto aberto mediante muitas chaves interpretativas, desde que todas guardem o segredo comum a todas elas: a fé nele como o salvador e a crença de que é o 'filho de Deus'." (Rubens Saraceni, *Tratado Geral de Umbanda,* Madras Editora.)

O Cristianismo, magneticamente falando, é uma religião positiva, pois universaliza os seres. Mas, dentre suas dissidências, existem seitas com polos negativos, pois individualizam seus fiéis. Hoje, tem seus seguidores predominantemente no Ocidente.

O CABOCLO DAS SETE ENCRUZILHADAS

Na Umbanda, apresentam-se muitas entidades que tiveram encarnações católicas, como sacerdotes, freiras e outros. Podemos exemplificar com o próprio Caboclo das Sete Encruzilhadas – considerado o fundador oficial da Umbanda –, que teve encarnação como padre Malagrida, perseguido pela Inquisição por causa de sua vidência e paranormalidade. Algumas entidades da falange da Preta-Velha que conhecemos como Vovó Maria Conga se mostram também como freiras.

O ISLAMISMO

O Islamismo, religião que mais tem se expandido no mundo, foi criado na Arábia, no século VII. Nasceu dos ensinamentos do profeta Maomé, Mohammed ou Muhammad, que viveu na Península Arábica entre os anos de 570 e 632 d.C.

O Islamismo é dominante nos países do Oriente Médio, principalmente porque o livro sagrado dos muçulmanos, o Corão ou Alcorão, foi escrito em árabe. Continua firmemente enraizado na cultura árabe, embora grande parte dos muçulmanos não faça parte dessa etnia. O Islamismo se tornou uma religião importante na Ásia, onde vivem três quartos de todos os muçulmanos. Foi difundido em vastas regiões do norte e centro da África e no centro, sul e sudeste asiático. A palavra árabe *íslam* significa "submissão" – o homem deve se entregar a Deus e se submeter à Sua vontade em todas as áreas da vida. Essa é a condição para ser muçulmano. As obrigações religiosas dos muçulmanos são chamadas de os cinco pilares: o credo, a oração, a caridade, o jejum e a peregrinação a Meca.

Maomé, nascido por volta de 570 d.C., filho de uma das principais famílias de Meca, ficou órfão aos seis anos e foi criado por seu tio, Abu Talib, que o levou para trabalhar como condutor de camelos, para a rica viúva Khadidja, 15 anos mais velha do que ele, que se tornou sua única esposa e sua primeira seguidora.

Combatendo o politeísmo vigente, Maomé iniciou sua pregação em Meca, por volta de 610, influenciado pelo monoteísmo e pelas noções de fim do mundo e Juízo Final. É provável que tenha sido influenciado por monges e eremitas cristãos que viviam isolados do mundo, em cavernas no deserto da Arábia, onde ajudavam os viajantes.

Maomé, todo ano, meditava em uma caverna nos arredores de Meca, onde, aos 40 anos, lhe apareceu o anjo Gabriel, ordenando que ele lesse um pergaminho. Maomé respondeu que não sabia ler, e o anjo lhe disse:

"Recita em nome do teu Senhor que criou,
criou o homem a partir de coágulos de sangue.
Recita! Teu Senhor é o Mais Generoso,
que pela pena ensinou ao homem o que ele não sabia".

A palavra "recitar", em árabe, tem a mesma raiz que *Curan,* que quer dizer "ler alto" ou "ler". O Alcorão é o livro sagrado que reúne as revelações feitas a Maomé, mas só foi escrito depois de sua morte.

Levando-se em conta o aparecimento do anjo e as revelações, podemos considerar que Maomé era portador de grande mediunidade, com clarividência e clariaudiência. O Guardião Tranca-Ruas, no livro *O Guardião dos Caminhos*, de Pai Rubens Saraceni, diz que "Maomé era portador de uma vidência maravilhosa. Os cristãos o combateram e o odiaram, o que é comum em todas as religiões nascentes. Mas ele (...) semeou uma das religiões mais vigorosas das que já participei. (...) Apesar da intolerância que nela se instalou em razão da própria natureza semita dos árabes, ela tem servido divinamente o sagrado Iá-yê, o Senhor da Luz, da lei e da vida. Se há muitos espíritos que caem no negativo da religião islâmica, paciência! Por que odeiam os adeptos de outras religiões?".

Ao falarmos do Islamismo, não podemos deixar de citar os sufis ou adeptos do Sufismo, corrente mística muçulmana, seita secreta e misteriosa de origem persa, cujos seguidores pleiteiam a posse da doutrina e filosofia esotéricas do verdadeiro Maometismo. Procede do mesmo tronco que a Maçonaria e a Grande Fraternidade Branca. O Zoroastrismo persa, o Sidhantha indiano e o Taoísmo chinês também influenciaram o Sufismo.

A principal prática espiritual do Sufismo é o Zikhr – recitação ou recordação –, que consiste em buscar recordar a verdadeira natureza. Recitar que "existe um só Deus" ou "só Deus existe", equivale dizer que "todo o Universo, com sua multiplicidade de entes, repousa sobre uma unidade fundamental porque é uma manifestação divina". (José Tadeu Arantes, *Sufismo, Revista das Religiões*)

Foram sufis: Avicena, o grande médico medieval, Omar Khayyam, afamado poeta, matemático e astrônomo, o emir Abd-el-Kader e outros. O emir argelino Abd-el-Kader, em uma passagem de excepcional beleza e riqueza, em uma de suas obras, expressou: "As pessoas de nossa via – que Allâh esteja satisfeito com elas! – jamais pretenderam trazer o que quer que seja de novo no que se refere à espiritualidade, mas apenas descobrir novos significados na tradição imemorial". Para os sufis, a mensagem corânica é infinita e o meio para alcançar seus significados ocultos é o olhar interior e o coração, órgão sutil de conhecimento que permite estabelecer contato, diálogo com a realidade e promover a evolução espiritual.

Os derviches, dançarinos sufis de Deus, têm um ritual em que praticam a sâma, dança giratória que induz ao êxtase e tem por objetivo levar o fiel a um estado ampliado de consciência.

Há também grande semelhança entre os giros dos sufis e os dos médiuns umbandistas, quando incorporados.

O SÍMBOLO DO ISLAMISMO

O símbolo do Islamismo é a Lua crescente com a estrela de cinco pontas. Esse supremo emblema da religião muçulmana tem seu significado muito próximo do Bidu hinduísta (ponto sobre a Lua crescente acima do "AUM"). Seu significado profundo revela-se como a "semente do vir-a-ser, que detém uma luz clara". Denota também a mente centrada na qual todos os pensamentos se reduzem a um ponto. A Lua crescente traduz-se como o receptáculo da mente límpida que recebe a luz divina, a estrela, cujas pontas representam os Cinco Pilares do Islamismo.

O crescente já era milenarmente utilizado na Sibéria e na Mongólia como símbolo dos deuses da Lua e das estrelas. Na Grécia, em Roma e em Bizâncio, representava a deusa Diana. No tempo de Maomé, o crescente não se relacionava com o Islamismo, que adotava como símbolo a bandeira verde. Quando os otomanos conquistaram Constantinopla (Istambul), em 1543, começou a ser utilizado como símbolo religioso.

Há estudiosos que consideraram suas origens na antiga religião pagã, nos rituais da fertilidade de adoração à deusa Lua, Alá, dominante na Arábia muito antes de Maomé. Essa adoração ocorria com orações em direção a Meca várias vezes ao dia, com a junção dos fiéis às sextas-feiras para orações, com peregrinação anual até a Caaba – templo da deusa Lua – e outras obrigações e sacrifícios.

No livro *O Guardião do Fogo Divino*, de Rubens Saraceni, há o seguinte relato: "(...) Dali segui com uma caravana até a terra dos árabes, onde conheci a, já então, famosa *pedra negra* que no futuro se transformaria na pedra fundamental do Islamismo: a Caaba! (...) é pedra fundamental religiosa já há tantos milênios que, até no astral, é difícil de se localizar quando teve início sua adoração. Os arquivos mais confiáveis atestam que ela pertence à era cristalina".

A Lua crescente, símbolo do Islamismo, é colocada no topo das mesquitas e dos minaretes, em objetos pessoais, tapetes e bandeiras, embora o muçulmano comum não conheça a origem desse símbolo.

Apresentamos a seguir algumas entidades de provável origem islâmica que se manifestam na Umbanda.

O CABOCLO ORIXÁ MALÊ

Na Umbanda, o Caboclo Orixá Malê é regido por Pai Oxóssi e se apresenta na irradiação de Pai Ogum, na legião dos árabes, turcos, persas e hebreus. É uma entidade de muita força na cura de obsedados e no combate à magia negra. Teve encarnação como sacerdote, no Oriente Médio.

O CABOCLO AKUAN (ABDUL)

O Caboclo Akuan é também chamado Abdul e se apresenta na legião dos árabes, turcos, persas e hebreus.

> *Da sua pedra, vem a luz*
> *Abdul, espírito formoso,*
> *No terreiro em nome de Jesus,*
> *A todos traz a crença*
> *Que no Oriente reluz*
> *Abdul, Abdul, Abdul.*

Ponto Cantado do Caboclo Akuan
Dp

O REI CONGO DE OBERIN

O Rei Congo de Oberin, segundo Josef Ronton no livro *Analogia de Umbanda*, conta que viveu no tempo de Maomé, fundador do Islamismo. Relata que Maomé, em 615, fugiu com os hasimitas, atravessou o Mar Vermelho, chegando à Etiópia, Uganda e até o Congo, onde se uniu ao Rei Congo de Oberin, que adotou o Islamismo em seu reino. Esse rei ainda é venerado nas rezas de nação angolana.

MUÇULMANOS NO BRASIL

No Brasil, os malês, negros muçulmanos, como os haussas e os nagôs, diferenciavam-se dos demais por sua cultura mais intelectualizada do que a de muitos senhores brancos. O termo "malê" deriva do iorubá "*imale*", que designa o muçulmano.

Tinham seus cultos organizados na Bahia e promoveram guerras religiosas, pois queriam que todos aceitassem os seus cultos. De 25 a 27 de janeiro de 1835, na cidade de Salvador, ocorreu a chamada Revolta dos Malês. Segundo o plano de ataque assinado pelo escravo de nome Mala

Abubaker, os revoltosos sairiam do bairro da Vitória (atual Barra), "tomando a terra e matando toda a gente branca", invadiriam os engenhos do Recôncavo e libertariam os escravos. Foram rápida e duramente reprimidos pelos poderes constituídos, quase extintos, e, atualmente, são raros os negros maometanos em nosso país.

Os malês no Rio de Janeiro e no sul do Brasil são conhecidos pela corruptela muçurumi. Alguns poucos terreiros guardam parte dos fundamentos e invocações a Alá e têm ainda um pouco das antigas práticas malês. Os negros muçurumis sabiam ler o Alcorão, escrever e falar fluentemente o árabe e se orgulhavam de seus conhecimentos.

Há várias reminiscências que nos foram legadas pelos muçurumis, como a ritualística dos Aduas – Boris no ritual afro-brasileiro –, realizadas pelos árabes das Portas do Carmo, na Bahia, as vestimentas brancas nas cerimônias, o azeite de oliva em vez do dendê, os amuletos, como os patuás (que eles carregavam com versículos do Alcorão), o torso ou turbante e a figa, conhecida entre eles como Khâmaa ou "mão de Fâhtma".

ZOROASTRISMO

Antigo sistema religioso-filosófico, cujo postulado básico é o dualismo – o bem e o mal – existente em todos os elementos do Universo. Seus pressupostos foram estabelecidos por Zaratustra ou Zoroastro, espírito iluminado, encarnado 800 anos antes de Cristo, na Pérsia.

Zaratustra

Zaratustra ou Zoroastro, que quer dizer "Estrela de Ouro", é considerado por alguns como o fundador do Masdeísmo, mas foi o reformador dessa religião, cujas bases são anteriores a ele e cujo Deus Supremo é Ahura Mazda (Ormuz), Senhor Sábio, divindade suprema criadora e guia absoluto do Universo. Zaratustra ouvia a voz de Ormuz, que lhe falava por meio de imagens ardentes, e seus ensinamentos difundiram-se com o nome de magismo.

Os sacerdotes persas eram detentores de rica liturgia esotérica ligada ao culto do fogo sagrado e tinham por missão mantê-lo sempre aceso. O livro sagrado *Zend-Avesta* cita a existência de seis fogos distintos: o do raio, do organismo humano (calorias), das plantas, do interior das montanhas, o fogo áurico de Ormuz e o fogo normal utilizado para cozer os alimentos.

Essa religião reduziu em muito a importância do politeísmo e de rituais com sacrifícios sangrentos e bebidas estimulantes. O Masdeísmo condena a violência e a injustiça e enaltece a coragem como a primeira virtude do homem. Na luta entre o mal (Ahriman) e o bem (Ormuz), o bem será vencedor.

Alguns especialistas afirmam que a reforma de Zoroastro exerceu influências sobre outros movimentos religiosos orientais, como o Judaísmo, o Cristianismo e o Maniqueísmo.

Após a morte de Zaratustra, o Zoroastrismo difundiu-se por todo o planalto iraniano. Com a conquista da Pérsia, por Alexandre Magno, em 330 a.C., a capital do império e sua biblioteca foram incendiadas, a classe sacerdotal, dizimada e os templos, destruídos. No período da dinastia Sassânida –224 a.C. a 651 d.C. –, o Zoroastrismo foi praticado em uma área muito vasta, do Oriente Médio até a fronteira chinesa, principalmente pelas massas, mas havia intolerância quanto às outras religiões, perseguições a judeus e cristãos e pesados tributos sobre a população, para sustentar o clero.

No século VII, após a conquista dos persas pelos árabes, a Pérsia se converte ao Islã, e o Zoroastrismo sobreviveu apenas em algumas poucas comunidades persas.

O CABOCLO TUPAÍBA

Na Umbanda, o Caboclo Tupaíba se apresenta na falange do Caboclo Cobra Coral. É regido pelo Orixá Oxóssi (caboclo) e atua na irradiação de Xangô (Cobra Coral) e de Oxumaré (cobra).

Segundo ele, em intuição mental para mãe Lurdes:

"Eu sou alguém que já passou muitas vezes pelo ciclo reencarnatório e nem sempre soube usar a reencarnação para meu crescimento espiritual. Fiz muitas coisas condenáveis pela Lei Maior, mas também realizei muitas coisas louváveis, no auxílio de meus irmãos encarnados, o que, com certeza, pesou a meu favor, diante da justiça divina.

Conheci muitas terras e diversas religiões, pois reencarnei em diferentes lugares, e, em várias encarnações, exerci o cargo de sacerdote. Na Frígia,[10] servi ao deus Sabázio,[11] iniciando muitos neófitos no culto à serpente, que se dedicava à cura e à sabedoria.

No tempo em que ali vivi, praticávamos o culto na Montanha Sagrada, longe e escondidos de todos os olhares indesejáveis. As serpentes eram cuidadosamente criadas por uma pessoa encarregada apenas disso. Escolhíamos a melhor – maior, mais sinuosa e calma, que passava a receber tratamento diferenciado, pois era preparada especialmente para os rituais sagrados.

---

10. Frígia: região da Ásia Menor, fez parte do Império Persa e foi tomada pelos romanos. Parte da atual Turquia.
11. Sabázio: deus solar, originário da Frígia, apresentado como filho de Cronos, de Cibele ou de Zeus, que se teria unido a Perséfone, sob a forma de uma serpente. Tinha por símbolo a serpente.

O deus, Sabázio, para nós representava a destruição de toda a ignorância acerca das coisas do espírito e do Criador e a renovação dos nossos conhecimentos, tanto do curandeirismo quanto da espiritualidade. Eram poucos os que conseguiam alcançar o grau de iniciado, pois os rituais eram secretos e as provas, difíceis.

Nossas túnicas, usadas quando estávamos na caverna da Montanha Sagrada, eram semelhantes às peles do animal sagrado.

Seguíamos um calendário lunar que também era relacionado com a troca de peles das serpentes, que nos indicava a época em que podíamos realizar as iniciações, pois o momento era propício à renovação, ao surgimento de novas experiências e de novos conhecimentos. Muitos de nós somávamos aos conhecimentos secretos os ensinamentos do Zoroastrismo. Cada participante do culto, após a iniciação, recebia seu nome sagrado e secreto, que jamais era pronunciado fora do templo. Eram nomes de poder, mantras fortes e poderosos, somente reverberados na caverna.

Fomos destruídos pelos romanos, em uma de suas invasões da nossa terra. Volto hoje na Umbanda, na falange do Caboclo Cobra Coral.

Ponto Cantado do Caboclo Tupaíba

Nós somos dois guerreiros
Dois irmãos unidos
Meu nome é Tupaíba,
sou filho de Aimoré.
Lá na tribo Guarani
o meu irmão chama Peri.

Em guarani, em guarani,
o meu irmão chama Peri.

Dp

OFERENDA PARA A LEGIÃO DOS ÁRABES, PERSAS, TURCOS E HEBREUS

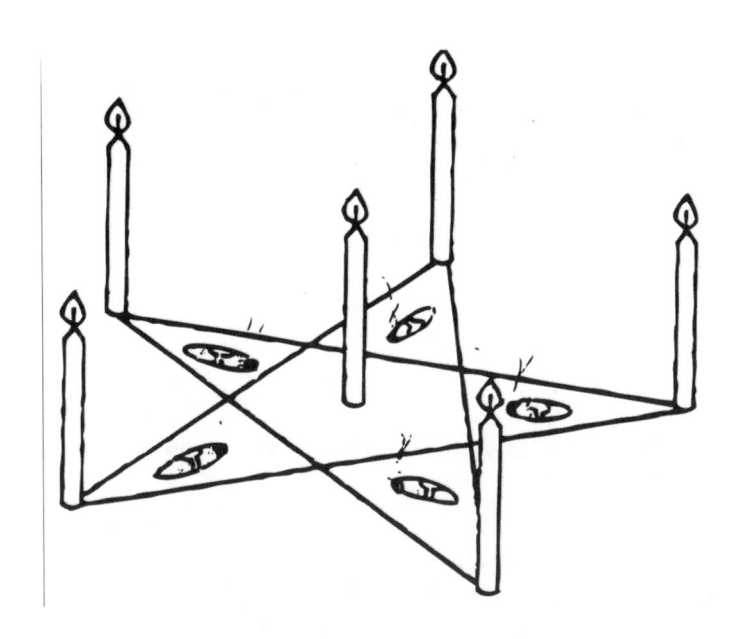

Para afastar os inimigos pessoais ou da religião: traçar no chão, com pemba branca, uma estrela de cinco pontas (pentagrama). Firmar seis velas brancas e colocar charutos fortes dentro do pentagrama. Jamais devemos oferecer bebida alcoólica às entidades desta falange.
Cantar ou recitar o ponto do povo turco:

> *Tá fumando tanarin, tá tocando maracá.*
> *Meus camaradas, ajudai-me a cantar.*
> *Ai, minha gente, flor de oriri* (bis)
> *Em cima da pedra, meu pai vai passear, oriri.*

Dp

A LEGIÃO DOS CHINESES, TIBETANOS, JAPONESES E MONGÓIS

Quando o sábio aponta a Lua,
o idiota olha o dedo!
Zen-Budismo

Chefiada por Ori do Oriente, esta legião é composta por mestres e sábios chineses, tibetanos, japoneses e mongóis.

Ori do Oriente

Ponto de Ori do Oriente

Ori já vem, já vem do Oriente,
A bênção, meu pai,
Proteção para a nossa gente.

Ori, Ori, Ori do Oriente
Força de Zambi chegou
Lá no Oriente uma luz brilhou
E no terreiro tudo iluminou

Dp

Ao estudar as religiões e os guias espirituais desta legião, podemos entender claramente por que a diversidade religiosa é necessária, pois nos deparamos com culturas, concepções religiosas, naturezas humanas, expectativas e anseios muito diferentes dos nossos.

RELIGIÕES DO EXTREMO ORIENTE

Chineses, tibetanos, japoneses e mongóis povoam a região denominada Extremo Oriente. São características religiosas desses povos a pluralidade religiosa e o culto aos ancestrais. Taoísmo, Confucionismo* e Budismo,

---

*N.E.: Sugerimos a leitura de *Aforismos de Confúcio*, de Confúcio, Madras Editora.

dentre outras religiões, formam o que os chineses chamam de três caminhos que coexistem lado a lado e se influenciam mutuamente.

A LINHAGEM DO TAO,[12] O TAOÍSMO E O CONFUCIONISMO

Para tratarmos do Tao, é preciso fazer distinção entre a linhagem dos mestres do Tao e as religiões Taoísmo e Confucionismo.

A LINHAGEM DOS MESTRES DO TAO não constitui uma religião em si. Segundo seus mestres, ela está para as religiões como a raiz da árvore está para os galhos. Essa linhagem de mestres teve início na China com o imperador Fo-Hsi (espírito iluminado), seu primeiro mestre, há cerca de 3.468 anos a.C. Outros mestres conhecidos, dessa linhagem, foram Lao-Tsé, Confúcio, Siddhartha Gautama (Buda), Mi-Lã (Buda Maitrea).

Pao-Hsi, ou Fu-Hsi, ou ainda Fo-Hi, que significa "O Pai da Vida", é considerado o primeiro personagem histórico da China e seu mais antigo sábio.

Ele teria sido imperador a partir de 3468 a.C. e pregava a unidade divina, o retorno à ordenação primordial, em que os pares opostos são complementares, não se combatem.

Fo-Hi

Diz a lenda que, do Rio Amarelo, saiu um dragão alado e se mostrou para Fo-Hi, com círculos claros e escuros desenhados sobre suas escamas, revelando os trigramas do Yi-King (I Ching),* imagem perfeita da natureza, que se desvenda diante do sábio. O dragão, na China, representa o iniciado ou o Verbo Divino.

Após considerar o ritmo do Universo, suas particularidades e seus caracteres, Fo-Hi traçou o círculo que simboliza a origem da vida e dividiu-o em duas metades iguais, com uma linha sinuosa.

Os dois polos arquétipos da natureza foram representados pelos princípios do *Yin* e *Yang*, par primordial de opostos, par arquétipo da natureza, derivado da observação dos movimentos do Sol e da Lua, da mudança das estações do ano, do crescimento e da decadência presentes na natureza orgânica, da vida e da morte (ciclo reencarnacionista).

---

12. Resumo baseado no livro *A Umbanda e o Tao*, de Lurdes de Campos Vieira, Madras Editora.
*N.E.: Sugerimos a leitura de, e de *I Ching – A Mais Bela Aventura Criativa da Humanidade*, de Paulo Barroso Jr., Madras Editora.

Nesses princípios *Yin–Yang* encontramos os opostos masculino–feminino, movimento–repouso, claridade–opacidade, natureza–celeste, natureza–terrestre, leveza–densidade, céu–terra, firmeza–maleabilidade, acima–embaixo, fogo–água, calor–frio, poder criador–maternal, intelecto racional e claro–mente intuitiva complexa, ação criativa–tranquilidade contemplativa do sábio, etc.

A essência última do Tao não pode ser separada de suas múltiplas manifestações, em incontáveis formas que assumem sua existência e se desintegram, transformando-se em outras formas, num processo sem fim, na mutação. Mas "não há o que mude, não há quem mude, pois só há o mudar". (...) "Analisando-se a mutação, verifica-se que ela própria é invariável." (...) "No fundo da aparente complexidade do Universo, jaz oculta uma simplicidade. Ela consiste nas tendências opostas e complementares em que sempre oscila a mutação (a unidade implícita de todos os opostos). Atividade e repouso, movimento e inércia, ascensão e declínio são os eternos e mesmos caminhos que sempre o irrepetível percorre." (Gustavo Alberto, prefácio à edição brasileira do *I Ching*).

A origem das sete linhas fundamentais do ritual de Umbanda Sagrada, baseia-se também no princípio do dualismo, e foram concebidas e identificadas como os opostos que se completam, ou seja, alto–embaixo, direita–esquerda (...), mas com magnetismos, princípios ativos, finalidades, campos energéticos, vibrações, qualidades, atributos e atribuições opostos e complementares.

Olorum é o princípio uno, criador, que tudo realiza (aspecto interno) e que individualiza seus mistérios nas suas divindades, os Orixás, presentes em toda a criação (aspecto externo). Após o nível original uno de Olorum, a dualidade começa a se mostrar, fazendo surgir os Orixás masculinos e femininos, ativo–passivo, irradiante–concentrador, positivo–negativo e assim por diante.

O pensamento filosófico chinês, desde antes do século VI a.C., apresentava dois aspectos complementares. Juntamente com uma consciência social altamente desenvolvida, com escolas filosóficas voltadas para a vida em sociedade, com suas relações humanas, valores morais e governo, aparecia o lado místico que tinha como objetivo alcançar um plano mais elevado de consciência, transcendendo o mundo da sociedade e da vida cotidiana.

O **Taoísmo**, enquanto religião, não foi criado pelos mestres da linhagem do Tao. Foi fundado e inspirado nos ensinamentos de Lao-Tsé (literalmente, "o velho mestre"), contidos em um pequeno livro de aforismos, o *Tao Te Ching*, o livro do Tao (ordem do mundo) e Te (força vital) ou *O Clássico do Caminho e do Poder*. É voltado principalmente para a observação da natureza e a descoberta do caminho, ou Tao; para os Taoístas, a felicidade humana é alcançada, quando se segue a ordem natural confiando-se no próprio conhecimento intuitivo e agindo espontaneamente.

Lao-Tsé

O **Confucionismo**, filosofia da organização social, do senso comum e do conhecimento prático, fornecia à sociedade chinesa um sistema de educação e as convenções do comportamento social, visando estabelecer uma base ética para o sistema familiar tradicional, cuja estrutura era complexa e com seus rituais de adoração dos ancestrais.

Confúcio

Na China, essas duas correntes de pensamento sempre foram consideradas complementares, polos opostos de uma única natureza humana. Quando se tratava da educação das crianças, regras e convenções necessárias para a vida em sociedade, destacava-se o Confucionismo. Os mais idosos, empenhados em obter e desenvolver novamente a espontaneidade original, a naturalidade, destruída pelas convenções sociais, seguiam o Taoísmo.

Na Umbanda, a entidade que se apresenta como Caboclo Nho Quim, em uma de suas encarnações, teria sido o iniciado Fuh-Planuh, antigo sacerdote dos pagodes chineses.

> *Os caminhos estão fechados*
> *Foi meu povo quem fechou*
> *Saravá, Buda e Confúcio,*
> *Saravá, meu Pai Xangô!*
> *Saravá, o povo chinês*
> *Que trabalha direitinho,*
> *Saravá, lei de Quimbanda*
> *Saravá, eu fecho o caminho.*
>
> Ponto do Povo Chinês
> Dp

O BUDISMO

Buda nasceu na Índia, em torno do ano 560 a.C., em um local chamado Nepal. Filho do soberano dos Shakyas, uma tribo nepalesa, Siddhartha Gautama, profundamente perturbado pelo sofrimento humano, com 29 anos, não pôde mais suportar a futilidade da vida de luxo e riqueza. Fugiu do palácio de seu pai, para tornar-se um ermitão à procura da verdade na solidão das florestas.

Durante vários anos, submeteu-se às rigorosas práticas ascéticas em busca da iluminação. Como esta automortificação quase o levou a perder a vida, ele a abandonou e, concentrando-se profundamente na postura de lótus, sob uma árvore frondosa, obteve o despertar espiritual (satori), tornando-se o Buda. Daí até os 80 anos percorreu a pé, incansavelmente, as estradas da Índia, pregando sua doutrina a todos que encontrava. Suas palavras foram anotadas e constituem a base dos Sutras, textos sagrados do Budismo.

O BUDISMO TIBETANO

Como prega a igualdade entre os homens e abomina o sistema de castas, o Budismo não obteve muita penetração na Índia. O Budismo possui duas escolas principais: a Hinayana (pequeno veículo) ou Theravada e a Mahayana (grande veículo). A escola Theravada, mais tradicionalista e apegada às formas do Budismo original, espalhou-se pelo Ceilão, por Burma, pela Tailândia e pelo Camboja. A Mahayana passou da Índia setentrional ao Tibete, à China, à Coreia e ao Japão. Na China, o Budismo sofreu forte influência do Taoísmo e do Confucionismo. No Tibete, houve um sincretismo entre o Budismo e o Xamanismo Bön, gerando o Lamaísmo.

O MONASTÉRIO MENRI[13] NO HIMALAIA

Mahakala é uma poderosa entidade do Budismo tibetano Bompo. É guardião e entidade venerada no Monastério Menri, altivamente suspenso

---

13. Contato do Monastério Menri: Bön Monastic Center P.O. Ochgat 173223 – Himachal Pradesh – Índia.

a 6,5 mil metros entre as montanhas do Himalaia. Pela Senda do Diamante (Vajra) e na força de Milarepa e Drupka Kunley, chego ao Monastério Menri.

A linhagem Bön representa a tradição xamânica pré-budista do Tibete, e seus ritos e práticas da alta magia tornaram seus monges mundialmente lendários. Também conhecidos como capuchinhos negros, são encarados com desconfiança tanto pelos ocidentais quanto pelas autoridades chinesas que governam o Tibete.

Desde 1960, uma centena de famílias Bön se refugiou nestas montanhas do Himalaia indiano (Himachal Pradesh) e aqui fundou um magnífico templo. Esta linhagem *outsider* deriva sua doutrina de Tompa Shenrab, considerado o verdadeiro Buda e o autêntico Desperto.

Tanto o Buda Sakyamuni como o Dalai Lama são tratados com reserva por esta linhagem. Os poderosos ritos exorcísticos do Monastério Menri sempre foram tanto respeitados como temidos pela população do Himalaia. Conta-se que Sherab Gyaltsen, o grande sistematizador do Xamanismo Bön, ao procurar um lugar para fundar um mosteiro, enfrentou a ira dos supersticiosos aldeões locais, que, incentivados por um grupo de falsos iniciados, o acusavam de práticas macabras de magia negra. Gyaltsen, então, meditou profundamente e teve a visão da entidade Midu cavalgando um negro corcel nas altas montanhas. Neste instante, uma poderosa avalanche precipitou-se sobre os misticoides, e o mosteiro Menri foi erguido. Após a invasão chinesa, os Bön refugiaram-se aqui no Himachal Pradesh, erguendo este santuário que também recebeu o nome de Menri.

Alberto Marsicano

MAHAKALA, O EXU TIBETANO

*Tudo o que a direita sabe, a esquerda também sabe,
só que se aprofunda mais.*

Provérbio tibetano Bompo

Mahakala é a manifestação do despertar espiritual na sua forma mais irada, para ser o guardião não apenas dos portais como também do Dharma (Doutrina Búdica). Cada tradição do Budismo tibetano tem o seu protetor (Mahakala), que resguarda os ensinamentos da tradição em particular e do Dharma.

Os Mahakala da tradição Karma Kagyü de Gyalwang Karmapa são: Mahakala de quatro braços e Bernakchen Mahakala de dois braços, que são as emanações de Chakrasamvara e do grande bodhisattva Samantabhadra, respectivamente. A liturgia de Mahakala Kha Yig Ma é uma das mais frequentes práticas da maior parte dos Centros de Dharma da linhagem Karma Kagyü. Suas oferendas são feitas com destilados tibetanos acima de 85 graus e colocados em pequenas ermidas no lado esquerdo dos portais dos templos nos Himalaias.

A Tronqueira de Mahakala

Antes do início do ritual, no qual foram entoados os mantras secretos (sussurrados ao pé do ouvido), o Lama Tendam nos acompanhou até uma pequena tronqueira no lado esquerdo do portal, onde se encontrava a imagem de Mahakala. O Lama, proferindo mágicas conjurações, acendeu algumas velas e depositou num cântaro uma garrafa de destilado aguardente.

Alberto Marsicano

Exuística No Himalaia

Progressão de Crescimento Gnomônico de Exu Mahakala

Mahakala constitui o elemento dinâmico e móvel no Budismo tibetano. Cada divindade possui um princípio motor, um Mahakala, geralmente representado na base de suas estátuas ou figuras pictóricas. Mahakala veicula os pranas negro, branco e vermelho, tudo interligando e articulando na forma de triângulos que se multiplicam serialmente em losangos. É a síntese e interação. Orienta o crescimento da força espiritual que organicamente se amplia em uma progressão gnomônica pitagórica como uma concha.

Essa figura geométrica, tão difundida na natureza, simboliza a evolução da vida. O som produzido por essa concha é uma arma contra os trevosos, e sua forma helicoidal constitui um pictograma universal da temporalidade, da permanência do ser por meio das flutuações da modificação.

Como Xangô, o míxer cósmico, Exu Mahakala movimenta-se em um tempo não-linear. Passado, presente e futuro entrelaçam-se em uma mandala não cronológica. Presente e futuro sobrepõem-se em um processo incompreensível para o homem; acontecimentos vindouros, que teriam de passar por uma série de etapas para ocorrer, podem eclodir instantaneamente.

ENCRUZILHADAS DO TEMPO

Mahakala é a vanguarda, o pioneiro, o desbravador, o visionário, o primogênito. Aquele que derruba os obstáculos para o bom andamento de tudo. Fica ao lado esquerdo dos caminhos, tendo a capacidade de abri-los e fechá-los. Harmoniza a corrente prânica dos chakras e dos nadis (canais de energia etérea) do corpo humano. Seu garfo de três pontas (ida, pingala e sushumna) dinamiza o fluxo de prana do Kundalini.[14]

Regendo a comunicação, a linguagem e o discurso, coordena os caminhos e encruzilhadas, não apenas as do espaço, mas também as do tempo. Mahakala significa "O Vasto Tempo"; o poder sobre as encruzilhadas temporais lhe relega o poder da previsão do futuro. Mahakala joga ludicamente com a não linearidade cronológica. Seu tridente entrelaça o passado, o presente e o futuro. É a criança, o adulto e o ancião. É a mudança e a transformação, o elemento fluido e mercurial do Budismo tibetano.

Mantra Secreto de Mahakala:

OM SHRI MAHAKALA YAKSHA BETALI HOUNG DZA

*Não olhes para o abismo,
pois o abismo para ti olhará!*

Nietzsche

---

14. Sugerimos a leitura de *Kundalini – O Livro da Vida e da Morte,* de Jytte Kumar Larsen e Ravindra Kumar, Madras Editora.

ABYSSUS ABYSSUM INVOCAT[15]

O Budismo penetrou tardiamente no Tibete, e seu numeroso panteão de divindades resulta do sincretismo com o Xamanismo Bön. O oráculo que se manifesta em transe, denominado Dordje Draken, fala numa voz rouca e na linguagem Bön, sendo o Dalai Lama um dos poucos que a compreendem.

O sistema Bön detém uma grande similaridade com o Xamanismo da Mongólia. Os Bömpas utilizam suas tradicionais vestes negras com desenhos de ossos e caveiras. Mas seu profundo conhecimento medicinal e exorcístico os tornaram lendários em todo o mundo esotérico. Têm a capacidade de penetrar em certos setores do mundo inferior, onde poucos têm acesso, para operar rituais de cura e desobsessão, além de dominarem o conhecimento terapêutico-fitológico das plantas do Himalaia.

MIDU

Tarde da noite começa a cerimônia dedicada a um poderosíssimo cabeça de falange da esquerda tibetana, Midu. Ressoam as trombetas, ao rufar contínuo e hipnótico dos grandes tambores. O Prior possuído convulsiona de olhos esbugalhados, entre as miríades de velas e incensos. Encontra-se aqui um único ocidental sendo iniciado: é Manfred Sterne, um alemão que, após o ritual, me segreda não estar segurando a barra das rigorosas práticas iniciáticas. Há anos, ele passa neste lugar tudo o que se possa imaginar. Ao perguntar-lhe o que ocorre neste monastério, ele, seco, responde: "Nem queira saber!". Mas neste insólito lugar, felizmente não existe exploração comercial, nem turistas esotéricos ocidentais, velhinhas histéricas, lamaístas ocidentais deslumbrados ou pequenos Budas. Segundo as palavras solenes e profundas do alemão:
— Aqui se joga o verdadeiro pingue-pongue do abismo!

Alberto Marsicano

Quando os fortes tomam veneno,
o veneno os torna mais fortes.

Nietzsche

ZEN-BUDISMO

Nada mais anti-Zen que definir o Zen. Definir o Zen é reduzi-lo a um conceito restrito. O Zen é assistemático e recusa-se a ser enquadrado pelas noções de religião ou filosofia. É simplesmente denominado pensamento Zen. O Zen é vivencial; consiste na busca do despertar espiritual, por meio do autoconhecimento, da disciplina, do autocontrole e da simplicidade de viver.

---

15. Abismo evoca abismo.

O Zen apenas aponta o caminho do estado de graça, e nesse caminho a palavra escrita ou falada é dispensável, pois é impossível descrever o Zen. Ele só é integralmente experimentado na prática, feita por meio do Zazen, que é a meditação, e a iluminação deve se originar no coração do indivíduo.

Os budistas consideram que, para se alcançar a iluminação, são necessários vários ciclos reencarnatórios, enquanto os zen-budistas acreditam ser ela uma possibilidade do momento presente. A "grande experiência" ou satori pode acontecer de repente, quando menos se espera. Para isso, o indivíduo deve atingir uma condição santa e paradisíaca aqui na Terra, agora.

Os praticantes do Zen costumam usar os koans (pequenas frases, aparentemente sem sentido lógico, mas que contêm grande profundidade) para testar a compreensão do discípulo e sacudir sua inteligência, uma vez que a verdadeira análise desses aforismos é meditativa e intuitiva.

ORIGEM DO ZEN

O Zen não venera o Buda histórico como uma divindade suprema ou um Avatar. Venera-o como um ser humano desperto, que alcançou sua libertação espiritual mediante seu próprio esforço. Buda jamais se denominou "o iluminado", considerando-se apenas como desperto de uma luz que já possuía. O Zen encara cada ser humano como um Buda em potencial, dotado de uma natureza-Buda, pronto a despertar.

> *borboleta adormecida*
> *sobre o gongo*
> *do templo*
>
> Buson

> *venho da cintilância*
> *e à cintilância*
> *retorno*
>
> Hoshin

O OLHO DO FURACÃO

O Zen é o olho do furacão, é a visão plena das coisas como realmente são, contempladas pela claridade do despertar espiritual. O Zen é Satori, o despertar espiritual, iridescente relâmpago que repentinamente surge em meio à escuridão da noite.

> *um relâmpago*
> *e o grito da garça*
> *fundo no escuro*
>
> Bashô

> *fogo brando*
> *e de repente*
> *ferve*
>
> Bashô

TIBIRI, O JAPONÊS

Na Umbanda, apresenta-se uma entidade de nome Tibiri, o japonês. Tibiri, no idioma nipônico, significa de grão em grão, de gota em gota. Os pontos cantados a seguir indicam que Tibiri é uma entidade da linha de ação e trabalho dos marinheiros, portanto, sob a regência de Mãe Iemanjá, na irradiação de Ogum.

> *Marinheiro, marinheiro,*
> *Olha as costas do mar...*
> *É o japonês, é o japonês!*
> *Olha as costas do mar,*
> *Que vem do oriente!*
>
> Dp

De quando em quando,

Quando eu venho de Aruanda,
Trazendo Umbanda prá salvar filhos de fé.
Oh! Marinheiros,
Olha as costas do mar,
Olha as costas do mar,
Ogum, Ogum, Ogum, é de Tibiri,
Olha as costas do mar!

Dp

Ponto de Tibiri

Sou marinheiro, eu sou marinheiro,
sou marinheiro, sou marinheiro
e navego nas ondas do mar.
Ogum, Ogum, Ogum, é Tibiri,
Ogum lá nas ondas do Oriente, iá,
Mas quando Zambi vem de Aruanda, iá,
para salvar os filhos de Umbanda, iá
sou marinheiro, eu sou marinheiro,
sou marinheiro, sou marinheiro
e navego nas ondas do mar.

O XINTOÍSMO

O Japão tem duas religiões básicas oficiais: o Budismo e o Xintoísmo. O Xintoísmo é a religião ancestral do povo japonês, que preservou seu espírito ao longo dos tempos. É anterior ao Budismo e cultua os ancestrais. Os contatos entre o Xintoísmo e o Budismo modificaram ambas as religiões.

Como a Umbanda, está centrado nas forças da natureza, como o vento, o mar, a Lua, a tempestade e outras, que são divinizadas, sob a denominação "KAMI".

Nio, o Exu Guardião dos Portais e do Dharma no Japão

Os mosteiros budistas japoneses ostentam em seus portais grandes estátuas que representam entidades iradas com expressões ameaçadoras. Herança do Xamanismo originário e ancestral do Japão, os gigantes Nio são Exus Guardiões não apenas dos portais como também da doutrina búdica. Defensores do Dharma, afastam entidades espirituais indesejáveis e barram a entrada delas, zelando pela tranquilidade e pelo bom andamento dos rituais.

O Santuário Zen de Kompira

Em fins de abril, um grande festival atrai fiéis de toda a ilha de Shikoku e das províncias vizinhas das ilhas de Honshu e Kyushu. Na ocasião, são convocados os shugendo – ascetas das montanhas –, que ressoam seus búzios de caramujo, evocando os espíritos das florestas.

Junto a eles, uma fileira de monges com seus mantos negros sobem a escadaria de mais de mil degraus percutindo seus guetas – tamancos de madeira. Lá dentro, ingressam somente os monges, e inicia-se o ofício de gokito. Ou seja, de exorcismos e encantamentos.

Cerca de oito monges têm à frente alguns volumes de Sutras, encadernados na forma de sanfona. Abrem-nos passando de mão em mão, sugerindo que toda sabedoria contida neles se espalhe pelos dez cantos do Universo. Fazem a dedicatória em voz alta e batem com os livros na borda da mesa. Enquanto isso, outros monges cantam em ritmo acelerado as fórmulas de exorcismo, evocando todos os seres da natureza, principalmente o guardião das florestas: o Tengu.

Tai Tengu, Sho Tengu
Tai Tengu, Sho Tengu
Tai Tengu, Sho Tengu...

TENGU - O EXU DO ZEN XAMÂNICO

Numa das paredes pende a carranca do Tengu: cabelos longos que caem sobre os olhos, nariz proeminente, boca expressiva e olhos saltados. O aroma do incenso mescla-se ao som catártico produzido pelas fortes batidas do tambor – o Gakito Daiko.

Dizem que o Tengu é uma divindade que habita as regiões montanhosas do Japão, antes mesmo do ingresso do Budismo no país. Inicialmente, teria combatido a religião do Buda, por esta conter elementos intrusos e assim ameaçar as entidades autóctones. Posteriormente, o próprio Budismo acabou por incorporá-lo em seu panteão, agradando às camadas populares, fenômeno idêntico ao que ocorreu com o Budismo tibetano, que incorporou as entidades do Xamanismo autóctone Bön, como o Mahakala e outros.

Em Tsurumi, existe o mosteiro Saijoji, que tem como principal atração o Tengu. Região de peregrinação, muitos hospedam-se em suas dependências para, no dia seguinte, receber as graças do guardião. Assim que termina a cerimônia matinal, o choka, um dos noviços, ecoa na sala do Buda (o Hondo) sua trombeta horogai – aquela do caramujo. Vestido como os ascetas da montanha, o abade sobe as trilhas que o conduzem à sala do Tengu.

O procedimento é semelhante ao do santuário de Kompira: toque de tambor e os Sutras abertos e percutidos na mesa. Nesta cerimônia, recitam-se capítulos do *Sutra de Lótus*.

Uma pequena aldeia formou-se na entrada do santuário de Saijoji, onde se encontram à venda suvenires, como por exemplo a máscara do Tengu. Lá ficamos sabendo que existem duas versões desta entidade: o Tengu do nariz comprido, vestido como os ascetas das montanhas, e o Karasu Tengu, o do rosto de corvo. Justamente são estas duas formas que guardam o portal de entrada do mosteiro, em lugar dos guerreiros Nio.

Esses guardiões têm cerca de 3 metros de altura. A respeito de sua natureza, o monge responsável tentou explicar que o Tengu é uma manifestação arquétipa para resolver casos atípicos. "Se tenho uma flecha cravada no corpo, a reação imediata é a de retirá-la." Este é o papel do Tengu, segundo o sacerdote. Não se pode perder tempo para especulações, como quem atirou a flecha, de que material é feita, qual o seu tamanho, peso e velocidade. "Somente me interessa salvar o ferido, arrancando de vez a flecha", pontuou ele solenemente.

Alberto Marsicano

Outro mosteiro onde se pratica o Zen Xamânico é o Toyokawa Inari, na província de Aichi. A entidade que lá reside é a raposa – o Inari. Na sala de exorcismo, duas raposas guardam a entrada, impedindo que forças negativas impregnem o ambiente.

Este é um lendário local de peregrinação, e muitos para lá acorrem em busca da proteção da raposa. Brandindo energicamente o tambor, o monge percussionista que está sentado em seiza – sobre os joelhos – parece em transe. E canta partes do *Sutra do Diamante*. O Inari é uma presença comum nas ruas do Japão, habitando pequenos santuários de madeira. Faz parte das entidades da natureza cultuadas pela tradição xintoísta.

OFERENDA PARA A LEGIÃO DOS CHINESES, TIBETANOS, JAPONESES E MONGÓIS

Para proteção, diante de situações muito graves: traçar, no chão, um círculo com pemba vermelha. Firmar sete velas vermelhas e arrumar arroz cozido, sem sal, e vinho branco, tudo dentro do círculo.
Entoar ou recitar o ponto de chegada do povo chinês.

A LEGIÃO DOS EGÍPCIOS

Adquiri a purificação de meu corpo e de minha alma no tempo de minha juventude, quando as outras pessoas estavam ocupadas com a ilusão deslumbrante da vida.

Papiro de Hunefer – chapa 9

Akhenaton

A legião dos egípcios é constituída por sacerdotes e sacerdotisas do Antigo Egito e tem como mentor o Pai Inhoarai.

Quando o Sol se levanta no horizonte,
Está na hora do seu povo trabalhar,
Os seus raios luminosos são a fonte
Nossa força para a vida enfrentar.

Brilha o Sol, Sol brilha, brilha,
clareando os meus caminhos, trilha por trilha! (bis)

Ponto de Pai Inhoarai
Mãe Lurdes

Ao contrário do que muitos pensam, os antigos egípcios não cultuavam muitos deuses e deusas nem adoravam ídolos como gatos, escaravelhos, cães e outros. A mitologia é a base de todos os rituais do Egito; os seus sábios valiam-se de figuras simbólicas e mitológicas para expressar os ensinamentos e evitar especulações e classificações teóricas.

Os antigos egípcios acreditavam na existência de três mundos: o superior, o intermediário e o inferior. Para eles, a alma viaja da Terra para o mundo inferior e depois para os reinos espirituais superiores, a fim de renascer ou unir-se com as almas perfeitas que estão livres da reencarnação.

O Livro dos Mortos é parte de seus textos religiosos, os quais contêm as doutrinas espirituais que boa parte dos humanos gostaria de aprender. Esse livro é o único registro vivo do mistério duplo que é a vida e a morte, e muitos o consideram a palavra de Deus pré-cristã.

"Os conceitos integrados em *O Livro dos Mortos* foram adotados pelos sistemas filosóficos e religiosos taoístas; pelas religiões orientais, incluindo a filosofia budista; Druidismo, que era a religião dos antigos celtas; Cabala, a antiga tradição do misticismo judaico; a antiga religião persa Masdeísmo ou Zoroastrianismo; Gnosticismo, uma síntese do Cristianismo; filosofia grega; Hinduísmo e outras crenças religiosas populares nos séculos II e III a.C." (Dr. Ramses Seleem, *O Livro dos Mortos do Antigo Egito,* nova tradução comentada, Madras Editora.)

O povo egípcio seguiu no espaço sua trajetória espiritual e atualmente outro povo se encontra na região, onde outrora habitou. Apenas as pirâmides, estátuas e pinturas permaneceram como testemunho de seu grandioso Império. Os sacerdotes egípcios mantêm templos no espaço, conectando-se pela Linha do Oriente, por meio da Lei Maior da Umbanda, aos templos umbandistas terrenos.

HÓRUS - ORISE - ORIXÁ

Raízes profundas da Umbanda encontram-se no Império Egípcio, de onde proveio o conhecimento iniciático tanto dos negros africanos iorubás, bantos, fulas, moçambiques, como também do povo cigano.

O Império Egípcio tinha uma vertente na etnia negra africana Núbia, os faraós negros, e alastrou-se na Antiguidade por todo o norte e centro da África. Com a queda e o desaparecimento do Império e a invasão muçulmana, as tribos africanas tornaram-se as grandes guardiãs dos mistérios iniciáticos egípcios. Daí a aproximação entre deuses egípcios e Orixás como Ísis/Oxum, Rá/Oxalá, Anubis/Omolu e outros.

Historiadores contemporâneos atestam que os iorubás – povo da Nigéria trazido compulsoriamente para o Brasil e constituinte das principais etnias do Candomblé – descendem dos povos do sul do Nilo (Império Egípcio negro).

Existem muitas semelhanças entre as duas culturas. O ritual iniciático da religião iorubá, assim como sua doutrina da transmigração das almas, provém do Antigo Egito. Historiadores da Antiguidade, como Heródoto, atestam que o povo egípcio se vestia de branco, tinha a pele escura e os lábios grossos. Três correntes migratórias (2000/1000 a.C., 500 a.C. e 90/30 a.C.), saídas do Império Egípcio do sul do Nilo, chegaram ao reino iorubá, alterando de forma marcante sua cultura e costumes. Esses antigos egípcios trariam ao reino Iorubá a magnífica arte da escultura, sua língua e religião, que ali se conservaram por milênios.

Toda a estrutura hierárquica do reino iorubá é análoga à dos faraós egípcios. Aproximadamente 500 vocábulos são idênticos nas duas tradições, como por exemplo: Osa (tempo), Se (criar), Ma (conhecer), Horise (deuses celestiais do Egito Antigo, da mesma raiz de Hórus), que derivou Orise (deuses elevados) e Orisa (Orixá, no iorubá).

A África negra preservou por séculos os grandes segredos ritualísticos da antiga civilização egípcia. Existe uma teoria que relaciona o misterioso Culto aos Eguns, praticado no Brasil, na África e no Caribe, em que os espíritos ancestrais falam, com uma voz rouca, por meio de suportes inanimados de madeira e outros materiais (não há médium), com as múmias egípcias, que serviriam para igual propósito. Esses mistérios, nos quais as múmias literalmente falavam, eram presididos pelo deus Anúbis.

UMBANDA E ANTIGO EGITO

O Santuário Egípcio no Espaço Astral

Anúbis, o deus da morte e da passagem

Certa vez, o grande amigo e médium Laerte bateu, bem cedo, à porta de minha casa. Ao acordar, estupefato, vi um ponto riscado, brilhando luminoso na porta de meu quarto. Atônito, contemplei a imagem perdurar por alguns segundos e desaparecer. Laerte então contou-me que acontecera algo semelhante a ele. Durante a noite, tivera um sonho, no qual se encontrara num magnífico templo a céu aberto, de imponentes portais e colunas repletas de hieróglifos dourados. Os sacerdotes egípcios tinham a pele escura, vestes brancas e cabelos longos tipo rasta. Nesse santuário, recebera uma série de passes ritualísticos e, ao acordar, surpreso, deparou-se com seu braço e mão esquerdos grafados com hieróglifos egípcios vermelhos! Como o ponto na porta de meu quarto, essa imagem perdurou por segundos e desvaneceu-se, como feita de luz.

Posteriormente, falando com seu Caboclo, o Ubirajara Peito de Aço, essa entidade alertou-nos que Laerte fora conduzido a um templo egípcio, na dimensão astral, para proteção, e aqueles hieróglifos seriam escrituras mágicas para fechamento de corpo. Esses templos egípcios no espaço teriam, segundo o Caboclo Ubirajara, forte conexão com nossa querida Umbanda.

Alberto Marsicano

OFERENDA PARA A LEGIÃO EGÍPCIA

Traçar, com pemba branca, um círculo e, dentro dele, uma estrela de cinco pontas. Firmar cinco velas brancas no círculo e uma no centro e colocar pão branco, água, cerveja escura, trigo e cevada dentro da estrela.

Cantar ou recitar o ponto do povo egípcio.

A LEGIÃO DOS MAIAS, TOLTECAS, ASTECAS, INCAS E CARAÍBAS

Asteca vem, asteca vai,
Nosso povo é valente,
Tomba, tomba e não cai.

Ponto do Povo Asteca
Dp

Ponto dos índios Caraíbas   *Ponto dos Astecas*

Esta legião é formada por espíritos de sacerdotes, chefes e guerreiros desses povos e chefiadas por Pai Itaraici.

RELIGIÕES PRÉ-COLOMBIANAS

Vários povos foram encontrados pelos europeus na América Central e do Sul. Para exemplificarmos sua religiosidade, vamos destacar apenas alguns deles: os caraíbas, os astecas, os maias e os incas.

Os **caraíbas** ou povos do Caribe habitavam o arquipélago situado ao largo da América Central – de Cuba a Trinidad. Nessas ilhas, os espanhóis encontraram predominantemente os povos tainos e caraíbas, com religião baseada na tradição xamânica, herdada de seus ancestrais. Plantas, animais e paisagens eram infundidos com a força espiritual dos antepassados e do mundo natural. Essas forças de vida e morte eram controladas pelos chefes e xamãs, em um universo espiritualmente animado, no qual todas as coisas possuíam dimensão sagrada.

Os tainos veneravam deuses e espíritos conhecidos como "zemis", cujos poderes sobrenaturais eram incorporados em imagens sagradas, produzidas combinando pedras, ossos, madeira, conchas, argila e algodão. Os zemis podiam representar animais, humanos ou fantásticas criaturas, metade humanas, metade animais. Eles eram cuidados, alimentados, esfregados com aipim e cada qual tinha o seu poder, como promover o sucesso do parto, conquistar a vitória em uma guerra, aumentar a fertilidade da agricultura e outros.

Os deuses tainos eram importantes, como Yúcahu, cuja metade feminina era Atabey, "Mãe das Águas", associada aos rios e às chuvas e responsável pelo parto e pela fertilidade das mulheres.

Cada caraíba possuía seus próprios poderes e simbolismos e vestiam manequins de pedra e madeira, os *akamboues*, como protetores contra os maus espíritos, os *mabouya*, e os usavam em suas canoas e clavas de guerra. Eram seus guardiões.

O Templo das Inscrições em Palanque

Os **astecas** eram povos imperialistas, integrantes de sete das tribos do vale do México. Na ocasião da entrada dos espanhóis na região, já se encontravam em decadência, divididos por ódios de clãs e rivalidades de famílias.

Do ponto de vista religioso, os astecas misturavam à evolução mais civilizada os costumes mais bárbaros. Para eles, o canibalismo obedecia à inspiração religiosa; seus inimigos, vencidos nas guerras, ficavam escravos e eram utilizados em incursões predatórias contra tribos inimigas, e, por vezes, sacrificados no altar dos deuses e servidos nos banquetes.

A religião asteca deu estrutura ideológica para os rituais e as cerimônias, pois se tornou convenientemente imperial. Cada clã tinha o seu rito, oficiado por sacerdotes próprios. Podiam diferir, mas todos tinham um fundo comum. Para eles, a Terra estava cheia de força espiritual e era animada pelo poder sagrado dos ancestrais – teotl–, de alto alcance, presente desde os fragmentos minerais até os maiores vulcões cobertos de neve e os predadores mais poderosos, como o jaguar, a águia, a serpente, o crocodilo e outros. O teotl animava o universo espiritual, ligava o mundo físico ao sagrado, e os fenômenos celestiais eram inseparáveis dos eventos terrenos.

Os incríveis astrônomos astecas também eram sacerdotes e viam os planetas, o Sol, a Lua e as estrelas como seres divinos exercendo poder sobre os humanos. O tempo para eles era sagrado.

Pelo ano de 1325, construíram a cidade de Tenochtitlán, hoje Cidade do México, com seu grande templo. Os sacerdotes eram representantes diretos do deus Quetzalcoatl e realizavam ritos sacrificiais. Havia também cerimônias em honra dos deuses da terra em que se imolavam mulheres. As crianças eram sacrificadas ao deus da chuva, Tlaloc. O panteão asteca era governado por um deus astral, Huitzilopochtli.

Os guerreiros dedicavam-se ao culto do Sol, e os camponeses, ao deus da chuva. O pensamento religioso restringia-se aos círculos dirigentes.

Os **maias** clássicos foram a civilização mais sofisticada mesoamericana e se desenvolveram entre 250 e 900 d.C., na Guatemala, em Honduras e na Península de Yucatán, no México. Ergueram templos em todas as cidades, onde praticavam seus ritos. Procuravam decifrar os enigmas do Universo, chegando a produzir um perfeito calendário solar. Criaram uma Matemática complexa, hieróglifos e cidades com templos piramidais emergentes do interior das florestas.

Assim como as demais civilizações mesoamericanas, os maias eram guerreiros que celebravam as vitórias com rituais de sacrifício dos vencidos. Eram comandados por governantes endeusados que controlavam as inúmeras cidades-estado. Os maias entrelaçavam suas crenças religiosas sacrificiais com realizações práticas, como a fabricação de papel, o calendário solar, a manipulação requintada da paisagem e dos recursos naturais, as habilidades arquitetônicas incomparáveis e uma vida cerimonial e artística rica. Ao desenvolverem um sistema de escrita parcialmente fonética, legaram textos poéticos de inspiração religiosa.

Os maias viam a força espiritual e o poder dos ancestrais em cada item do mundo natural, consideravam as paisagens da natureza como lugares sagrados significativos. As qualidades mágicas da água eram obtidas por meio dos banhos rituais e reservatórios próximos aos templos piramidais. Havia rituais de ingestão de bebidas narcóticas e plantas alucinógenas.

Algumas divindades possuíam quatro versões, de acordo com a cor, a idade aparente, a essência masculina ou feminina, o aspecto animal, etc. Seus principais deuses eram um par cósmico, Kinish Ahau (o deus Sol, o deus jaguar) e Ix Chel (Senhora do Arco-Íris), que deram origem às demais divindades. No grande esquema cósmico maia, o Chilan (sacerdote xamã) interpretava o mundo dos espíritos e fazia profecias.

Ainda permanece a indagação sobre a extinção dessa civilização.

Os **incas** foram a civilização e Império que predominaram nos Andes (Peru), desde o século XIII até a chegada dos espanhóis. Os incas conquistaram povos vizinhos, mudando a fisionomia religiosa dos Andes, graças às tradições acumuladas, aos seus feitos tecnológicos, à sua visão de mundo e às suas crenças espirituais. Entre eles a religião possuía grande peso social e político, e o clero numeroso era todo estruturado hierarquicamente. Os templos e os lugares de culto eram muitos, e o que mantinha esse sistema religioso era um rigoroso controle tributário.

Da mesma forma que os demais povos da América Central e da América do Sul, os incas consideravam a terra viva, fundida com a espiritualidade, animada pelos ancestrais, e os aspectos geográficos, como rochas, montanhas, fontes, cavernas, lagos, e as sepulturas ancestrais eram locais sagrados, conhecidos por *huacas*. Era uma visão da paisagem como uma geografia física e sagrada, animada, que influenciava o cotidiano. Isso é bastante evidente em Machu Picchu, cidade inca dominada por templos, palácios e casas feitos de matéria sagrada – blocos de pedra.

No panteão imperial inca, a divindade suprema era Viracocha, distante das tarefas do dia-a-dia, cujos eventos ficavam a cargo de divindades mais ativas, que presidiam o céu, habitavam os picos das montanhas, enviavam as chuvas, os relâmpagos, etc. A principal divindade era o Sol (Inti), ancestral divino da realeza inca. O culto solar foi transformado em uma religião oficial do Estado e de caráter ancestral dinástico. A construção de templos ao Sol em todas as províncias seguia o modelo do célebre santuário de Coricancha, capital do Império, verdadeiro centro religioso e político, local de peregrinação, onde se encontravam mumificados os imperadores do passado. Em cada templo, havia sacerdotes, adivinhos, servidores, virgens do Sol, as *aclas,* e funcionários. Por ocasião da morte do imperador e em momentos cruciais sacrificavam ao templo algumas dessas virgens.

Os incas foram destruídos em seu apogeu, conquistados pelos espanhóis, em 1532. Mas a adoração ao Sol era tão forte que não conseguiu ser totalmente apagada pela dominação espanhola. Até hoje, mais de 500 anos depois, grande parte da população andina trata o Sol pelo nome carinhoso de Taita Inti (Papai Sol).

OFERENDA PARA A LEGIÃO DOS MAIAS, TOLTECAS, ASTECAS, INCAS E CARAÍBAS

Para buscar a sabedoria espiritual: traçar um círculo no chão, com pemba branca. Firmar nove velas alaranjadas e arrumar fumo picado e milho dentro do círculo.

Cantar ou recitar o ponto do povo asteca nove vezes.

A LEGIÃO DOS EUROPEUS

Sic transit gloria mundi.[16]
Provérbio latino

Esta legião é composta por antigos sábios e mestres europeus: druidas, celtas, romanos, gauleses, escandinavos, ingleses, etc. Tem como mentor o Imperador Marcus I.

Gauleses, oh, gauleses!
Somos guerreiros gauleses.
Gauleses, oh, Gauleses!
São Miguel está chamando.
Gauleses, oh, gauleses!
Somos guerreiros de Umbanda,
Vamos vencer demanda!

Ponto do Povo Gaulês

Dp

---

16. As glórias do mundo são passageiras.

INFLUÊNCIAS CÉLTICO-DRUIDAS NA UMBANDA

Alguém já parou para pensar por que a grande maioria dos nomes de Exus e Pombogiras na Umbanda são portugueses? Com poucas exceções, como Tiriri, Marabô, Lalu e alguns outros, seus nomes são de origem lusitana. A influência africana é inegável, mas a Umbanda não se reduz apenas a essa corrente. Sete Encruzilhadas, Maria Padilha, Maria Molambo, Tranca-Ruas, Veludo, Lodo, Capa Preta, Caveira e Maria Quitéria são milenarmente cultuados pela feitiçaria portuguesa, polo de resistência da antiga religião céltica, e aparecem nos autos do Santo Ofício português quinhentista e medieval. Esses Exus e Pombogiras são milenarmente cultuados nas regiões portuguesas como o Minho e Trás-os-Montes, de onde proveio ao Brasil a maioria dos portugueses. Toda aldeia de Portugal tem seu feiticeiro, denominado Mestre. Essa terminologia veio a originar a Linha dos Mestres da Umbanda nordestina, que é a Linha dos Baianos, no sudeste e no sul do Brasil.

A pitoresca dança folclórica "o vira" provém do "virar", ou seja, incorporar uma entidade. Na dança, vira-se para um lado e para o outro, saudando a direita e a esquerda. Isso demonstra o forte vínculo entre o folclore português e a feitiçaria. Até hoje, na Umbanda e no Candomblé, podemos ouvir a expressão "virou no santo".

Essa riquíssima tradição que nos legou entidades – como Exu Sete Porteiras, Gato Preto, Pombogira Maria Quitéria e tantas outras – persiste até hoje. Na verdade, essa solene tradição é inextinguível. Esse caldeirão cultural português, em ebulição, com inúmeras tradições mágicas, como a dos celtas, druidas, celtiberos, vikings, godos, visigodos, romanos, árabes, cartagineses e fenícios, criou os fundamentos e o húmus para o caráter sincrético de nossa Umbanda, verdadeira parabólica, sintonizada no universalismo do Terceiro Milênio.

Sérgio Buarque de Holanda, historiador brasileiro, acreditava que a origem do nome "Brasil" (que aparecia como ilha nos planisférios, desde 1339) vem de uma lenda céltica que fala de uma "terra de delícias", vista entre nuvens.

Degredados, ou escapando da Santa Inquisição, esses grandes mestres da medicina céltico-druida vieram ao Brasil. A luz esmeralda e a pemba verde sempre foram os símbolos emblemáticos do grandioso povo céltico-druida.

Estrela Esmeralda
Sobre a mata a cintilar
Salve o povo gaulês

Salve o povo gaulês
vem na Umbanda
trabalhar
    Ponto do Povo Gaulês
               Dp

Ponto dos Gauleses ou Romanos

O ritmo mais usado na Umbanda do sudeste e sul do Brasil é o Catira, que é céltico-druida-português. Muitos ritmos usados na Umbanda e no folclore brasileiro, como o moçambique e outros, são, na verdade de origem céltica, da polirritmia do norte de Portugal.

Como na Umbanda, os deuses célticos associam-se às forças da natureza:

Deuses Célticos	Elementos da Natureza	Simbolismo
Deusa Dana	Terra	▽
Deus Dagha	Ar	△
Deusa Cerridwen	Água	▽
Deus Lugh	Fogo	△

O texto a seguir atesta a existência, ainda hoje, desta região céltica ancestral portuguesa, dita pagã, centrada nas forças da natureza, como a Umbanda:

"Na região céltica do Minho, festas eram celebradas no princípio do ano. Esses ritos centravam-se nas vozes e cantos das aves (1.500), em adivinhações e agouros, na eficácia das palavras mágicas, versos e nos encantamentos feitos com ervas e fórmulas de feitiçarias.

Enfeitavam as mesas, deitavam frutos e vinho no lume, pão na fonte, ainda prestavam culto a certos penedos, árvores, fontes e encruzilhadas, acendendo lá velas. Ainda conservavam várias superstições gentílicas que o santo aponta e, coisa curiosa, ainda hoje, achamos abundantes restos dessas superstições entre o nosso povo, que mantém intacta a Teologia pagã a par da cristã, apesar da guerra que esta lhe move, vai em 20 séculos. O Cristianismo não acabará jamais, enquanto houver homens, como dizemos nós, os católicos, mas é necessário confessar que o Paganismo* e as outras religiões participam da mesma imortalidade". (Gustavo Cardoso, *Paganismo Ancestral em Portugal,* Editora do Minho, Bragança, 2008)

---

*N.E.: Sugerimos a leitura de *Paganismo – Uma Introdução da Religião Centrada na Terra,* de Joyce Higginbotham e River Higginbotham, Madras Editora.

O GALO E O EXU CÉLTICO-DRUIDA

Estrela Matutina, Baliza de Zeus
Heráclito

A representação mais emblemática de Exu para os povos céltico-druidas é o Galo, que misticamente anuncia o raiar do Sol (afloramento do chakra frontal). Transmuta a noite em luz. Esse é o verdadeiro significado de Lúcifer, Estrela Matutina, prenúncio do raiar do Sol. O Galo é o símbolo de nações como Portugal e França e denomina a maioria das regiões de origem céltico-druida: Gália, Galícia, Gales, Portugal (denominação ancestral) e outras.

O galo sempre foi uma representação de Exu, pois esta entidade possui uma espécie de crista etérea sobre a cabeça. A crista de galo de Exu (capuz afilado em forma de rabo de cavalo com um cone sobre a cabeça pendendo para trás), que aparece na maioria de suas representações africanas, está presente no barrete frígio vermelho da Revolução Francesa (transformação política), nos crisóis de vidro dos alquimistas (a transformação do chumbo em ouro), no chapéu dos bruxos e dos magos.

88 A Linha do Oriente na Umbanda

EXU VELUDO E A BALADA CÉLTICA

"Tocava cítara no ritual de prosperidade do Templo de Umbanda Sagrada Sete Luzes Divinas, quando, inesperadamente, o Senhor Exu Veludo pediu-me para tocar música céltica. Comecei a improvisar um tema, inspirado no norte de Portugal, nas remotas paisagens da Galícia e nos verdejantes campos da Irlanda.

Imediatamente após a execução, Exu Veludo começa a cantar a mesma balada que eu tocara, com a seguinte e belíssima letra:

Em meu cavalo branco, de crinas esvoaçantes,
Sobre um rochedo alto e bem de frente pro mar.
Vai, meu cavalo, vai, vai, meu cavalo, vai,
Vai, meu cavalo, voa, sem sair deste lugar!

A vibração irradiou-se a todos e, num clima de sortilégio, o Ogã Adriano comentou:

– Que linda música o senhor cantou!
– Cantei o que ele tocou – disse Exu Veludo.
E concluiu, olhando para mim:
– Faz tempo, não?!"

Alberto Marsicano

CANÇÕES DA INOCÊNCIA

Pelos vales entoando a sorrir
A suave e feliz melodia
Numa nuvem um menino vi surgir
Que falando alegremente me pedia:

Toca a canção do Cordeiro!
Toquei-a com alegria e encanto.
Toca outra vez, toca ligeiro!
Toquei: e não conteve o pranto.

"Deixa tua gaita contente,
canções felizes irradia."
Toquei, de novo pungente
Ele chorou de alegria.

"Gaiteiro, senta e escreve
o que todos possam entender"
ele sumiu ligeiro e leve,
e um tênue ramo fui colher.

Uma rústica pena construí
Com água clara fui grafar;
Canções felizes escrevi
Que toda criança possa escutar.

William Blake, iniciado druida
Tradução de Alberto Marsicano

Os povos celtas não acreditavam na existência do conceito temporal de passado, presente e futuro. Acreditavam na possibilidade de atravessar mundos, de encontrar animais de poder, de interagir com a natureza e com os animais.

Os cavalos são como o relâmpago; são energias puras que nos transportam rapidamente para o outro lado. Eles nos levam a jornadas xamânicas, cavalgando a vibração para o mundo dos espíritos.

A mitologia céltica é rica em contos folclóricos que relatam a travessia entre os mundos, através de portais sobre a terra, levando a incríveis histórias de aventura.

A FALANGE DOS PORTUGUESES

Alguns terreiros do Brasil conhecem entidades e pontos riscados dessa força europeia, a falange dos portugueses, como os que apresentamos a seguir.

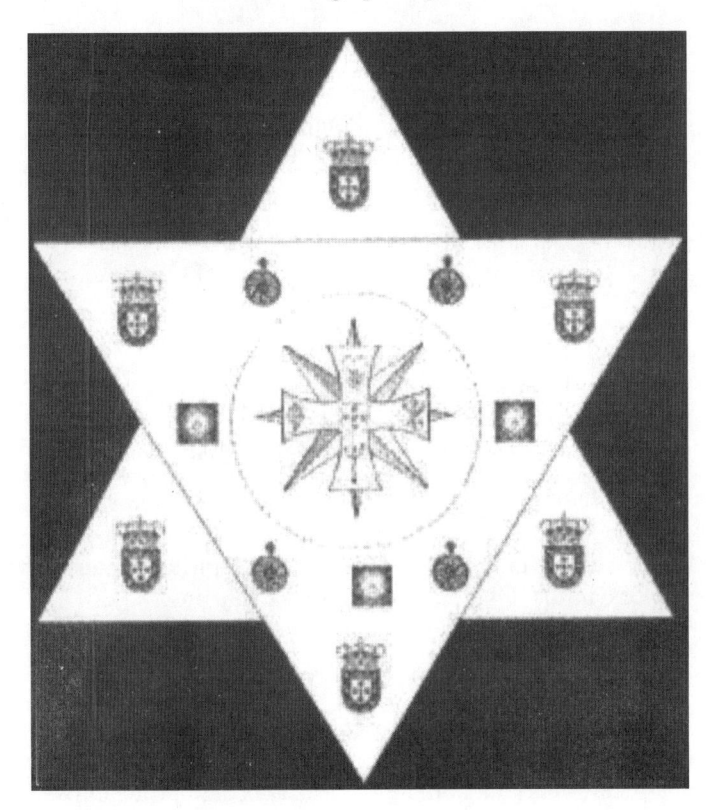

Ponto da falange portuguesa

É chefiada pelo grande guerreiro Viriato, o mestre Viriato, entidade da Fraternidade Branca especializada em destruição de trabalhos de magia negra e desobsessão. Guias templários, rosa-cruzes, mouros, cruzados, romanos, fenícios, visigodos e outros trabalham nessa falange. Os cruzados são regidos pelo Orixá Ogum.

A entidade espiritual Infante Dom Henrique uniu-se à causa do resgate cármico entre Portugal, Brasil e o mundo, atuando na limpeza e harmonização das mentes e almas. Seu ponto riscado é um ponto de purificação astral muito forte.

Ponto do Mestre Viriato    Ponto dos Cruzados    Ponto dos Mouros

Ponto do Infante D. Henrique    Ponto da Santa Irmandade

Trabalham com o infante Dom Henrique os espíritos Manuel Abrantes, Padre Cruz, Zé Morais, Gualdim Pais e Souza Martins.

A ORDEM DOS TEMPLÁRIOS E A UMBANDA[17]

A Ordem dos Templários representa a grande síntese entre o Cristianismo e a tradição pagã pré-cristã europeia, com seu emblemático guardião, o Exu Baphomet. Foi criada durante as Cruzadas para proteger os cruzados medievais, mas foram perseguidos, pois muitos almejavam a imensa fortuna da Ordem. A principal razão da perseguição foi o culto a Baphomet ou iniciação à esquerda, utilizada secretamente pela Ordem. Após sua perseguição pela "Santa" Inquisição, refugiou-se em Portugal, onde os Templários eram muito queridos pelo povo e por seus reis, pois muito ajudaram na expulsão dos mouros. Em seus rituais iniciáticos, eram cruzados do lado direito pela espada de Ogum e do esquerdo por Exu (Baphomet).

---

17. O Senhor Guardião Tranca-Ruas, no livro *O Guardião dos Caminhos*, de Rubens Saraceni, Madras Editora, diz que em tempo muito antigo houve um grande cataclismo que destruiu as civilizações templárias e que, na Tradição Natural, a Ordem dos Templários ou dos Guardiões dos Templos é uma das mais antigas e maiores, em número de espíritos humanos agregados, atuantes em todo o planeta e em todas as religiões, regida no astral pelo Senhor Ogum Sete Lanças.

Jaques de Molay – o Último Grão-Mestre da Ordem, queimado pela inquisição

Insígnia da Ordem: dois cavaleiros montados no mesmo cavalo, simbolizando o voto de pobreza.

Para Portugal, acorreram os melhores cartógrafos, nautas e cientistas templários, que vieram a engendrar as grandes navegações. O Brasil foi descoberto por um templário, Pedro Álvares Cabral. Em suas caravelas, os templários Cabral e Vasco da Gama ostentavam a solene cruz rubra em fundo branco da Ordem.

Perseguidos, mas com o novo nome de Cavaleiros de Cristo e sob a proteção real portuguesa, aportaram no Brasil, denominado por eles o País da Vera Cruz (verdadeira cruz).

No Brasil, os Templários criaram, de forma secreta e velada, suas novas bases, protegendo os cultos afro-brasileiros, que, graças ao seu amparo, subsistem até os dias de hoje. Foram os Templários que trouxeram ao Ocidente a Medicina árabe, bem como toda a sorte de avançados conhecimentos por eles absorvidos no Oriente.

O motivo de sua perseguição e destruição foi o grande poder político e bélico que detinham, sua enorme riqueza (em Portugal eram os maiores produtores de vinho e teriam sido os primeiros banqueiros) e seu culto a Baphomet, o Exu céltico-druida, representado na Ordem por uma caveira, um bode, um gato preto ou um pentagrama invertido. Em seus inúmeros castelos existem até hoje tronqueiras de pedra dedicadas a Baphomet, ornadas com pentagramas invertidos, esculpidos em pedra, no lado esquerdo dos portais, embora quebrados na parte superior, atestando a perseguição e proibição do culto. Esse Cristianismo com Exu dos Templários faria parte do alicerce mítico da Umbanda.

Baphomet – o Exu Templário

A FALANGE DOS ROMANOS

"Três dançarinos saltam por entre o círculo. Um garoto galga a corrente como um surfista. Prostra-se ante os músicos com o corpo plugado a um cabo de alta tensão... Uma brisa de ozônio, maresia e cavalos. A aldeia, as colinas e o céu constelado parecem levitar arrojados ao espaço qual cena do *Star Trek*. Pã, o deus bode, encara-nos enigmático e impessoal. Espreita através de uma miríade de olhos." (William Burroughs, *Face to Face with the Goat God*).

OS DERRADEIROS SACERDOTES DE PÃ

Na estação de ônibus de Tanger, espero a conexão para a lendária praia de Agadir, a cidade das gemas preciosas. Um tipo vestindo jelaba, longa túnica com capuz, convida-me a desfrutar a autêntica música marroquina, em seu café no Socco Chico, a parte antiga da cidade. O Casbah de Tanger!

Ruelas labirínticas emaranham-se num rodopio derviche de cores, sons e perfumes. Na pequena taverna, um grupo alaudista tange o Oud. Rastas contorcem-se ao som dolente da música e entre a densa fumaça do *kiff* o espaço e o tempo dilatam-se.

O marroquino de jeleba me oferece um copo de chá de hortelã e inicia uma intrigante conversa, contando-me que, por esta época, estaria ocorrendo um ritual ao deus grego Pã nas montanhas Rif.

O Marrocos fora, na Antiguidade, uma base avançada do Império Romano, e ruínas dessa civilização podem ser encontradas por todo o país. Uma pequena aldeia, cercada e isolada por imponentes penhascos e bosques de pinheiros, ficara por milênios ilhada do mundo. Seus habitantes, que falam uma curiosa simbiose de árabe com o latim vulgar, são os mais autênticos guardiões dos resquícios dos rituais greco-romanos. No início de março, período em que, na Roma antiga, eram celebradas as cerimônias dionisíacas da Lupercália, comemoram-se nesta aldeia as cerimônias evocativas a Pã.

Alberto Marsicano

DE TANGER PARA ASILAH E LARACHE

Uma estreita senda tortuosa de terra conduziu-nos às montanhas Rif. Seguindo em meio a um infindável bosque de pinheiros, chegamos finalmente a Jajouka. Por estas paragens, passaram William Burroughs, Brian Jones e Jim Morrison. O ritual de Pã confirmara-lhes a dimensão orgiástica e dionisíaca de suas obras. Na aldeia, 50 flautistas ressoam um oboé em uníssono, representando a tormenta. Outros 50 percutem ferozmente grandes tambores que reproduzem o retroar dos trovões. Vejo os aldeões de branco, sorrindo alegremente entre os cactos azulados. Seus perfis são idênticos aos encontrados nas antigas moedas romanas. Muitos escreveram sobre a Antiguidade clássica. A imagem escolar que nos foi dada sobre a Grécia antiga é algo imaculado, branco e austero como as estátuas de mármore do museu de Atenas. O universiota alemão Jaegger, em seu volumoso e respeitável tratado *Paidéia*, chega até a provar que os gregos seriam como os alemães: evangélicos! Mas a realidade é bem outra. O mundo greco-romano era algo essencialmente *hardcore*, orgiástico e dionisíaco.

Um pequeno *trailer* da bizarria da Antiguidade clássica é aqui revelado em 3-D, pelos derradeiros sacerdotes de Pã.

Alberto Marsicano

O SINAL DO OLHO ABERTO

Numa caverna, um bode é sacrificado, e sua pele, quente e sangrante, é arrojada sobre o torso desnudo de um menino, eleito desde nascença para incorporar o deus Pã. Sob o céu constelado da Lua nova, uma grande fogueira é acesa no centro da aldeia e um círculo de iniciados dispõe-se ao seu redor.

Ao som hipnótico das 50 flautas e tambores, o menino coberto com a pele de bode, envergando como cetro duas ramagens de folhas, salta como um sátiro, rangendo os dentes em transe. Eletricidade no ar! O ritmo acelera, as mulheres convulsionam os corpos, até que num *vortex* orgiástico, o sátiro retira-se como surgiu. Uma forte energia esparge-se, tomando-nos por completo.

Vem-me à mente o *Hino a Pã*, poema escrito por Aleister Crowley, com o nome de mestre Therion, e magistralmente traduzido por Fernando Pessoa. Esse poeta encontrara-se com Crowley em Lisboa, sendo o último a vê-lo antes do misterioso desaparecimento do mago inglês em Portugal.

Alberto Marsicano

HINO A PÃ

Vibra do cio subtil da luz,
Meu homem e afã
Vem turbulento à noite a flux
De Pã! Iô Pã!
Iô Pã! Iô Pã! Do mar de além
Vem da Sicília e da Arcádia vem!
Vem como Baco, com fauno e fera
E ninfa e sátiro à tua beira
Num astro lácteo, do mar sem fim,
A mim, a mim!
Vem com Apolo, nupcial na brisa
(Pegureira e pitonisa)
Vem com Ártemis, leve e estranha,
E a coxa branca, Deus lindo, banha
Ao luar do bosque, em marmóreo monte,
Manhã malhada da âmbrea fonte!
Mergulha o roxo da prece ardente
No ádito rubro, no laço quente,
A alma que aterra em olhos de azul
Ao ver errar teu capricho exul
No bosque enredo, nos nós que espalma
A árvore viva que é espírito e alma
E corpo e mente – do mar sem fim
(Iô Pã! Iô Pã!)
Diabo ou Deus, vem a mim, a mim!
Meu homem e afã!
Vem com trombeta estridente e fina
Pela colina!
Vem com tambor a rufar à beira
Da primavera!
Com frautas e avenas vem sem conto!
Não estou eu pronto?
Eu, que espero e me esforço e luto
Com ar sem ramos onde não nutro
Meu corpo, lasso do abraço em vão,
Áspide aguda, forte leão –
Vem, está vazia
Minha carne, fria
Do cio sozinho da demonia.
A espada corta o que ata e dói
Ó Tudo-Cria, Tudo-Destrói!

*Dá-me o sinal do Olho Aberto
E da coxa áspera o toque erecto,
E a palavra do Louco e do Secreto,
Ó Pã! Iô Pã!
Iô Pã! Iô Pã Pã! Pã Pã! Pã*

Aleister Crowley* (Therion)

OFERENDA PARA A LEGIÃO DOS EUROPEUS

Para as lutas e necessidades diárias: traçar uma cruz no chão, com pemba verde. Firmar três, cinco ou sete velas brancas e oferendar cerveja branca ou vinho, colocando tudo dentro da cruz. Cantar ou recitar o ponto do povo gaulês.

A SIMBOLOGIA DRUIDA DO VERDE

A cor verde sempre foi o matiz emblemático da nação cultural céltico-druida. A luz mística esmeralda constitui o seu mais profundo dístico. Sua ligação com Oxóssi e as forças dos campos e bosques é evidenciada por essa cor.

O verde é o símbolo supremo da Irlanda, região que conserva e cultua a tradição céltica.

---

*N.E.: Sugerimos a leitura de *A Magia de Aleister Crowley*, de Lon Milo DuQuette, Madras Editora.

A LEGIÃO DOS MÉDICOS, CURADORES, SÁBIOS E XAMÃS*

Esta legião é integrada por falanges de espíritos de médicos e terapeutas do corpo e da alma, de diversas origens e épocas, especializados na arte da cura e chefiados por Pai José de Arimateia.

JOSÉ DE ARIMATEIA

Yosef Ha-Aramataiyum (nome hebreu) viveu na Galileia, no tempo de Cristo. Era um rico membro do Sinédrio, o Colégio Supremo da magistratura judaica; um homem bom e justo, ocultamente discípulo de Jesus, e não concordou com sua condenação.

Após a crucificação, requereu de Pilatos o corpo de Jesus Cristo e, antes do pôr-do-sol, juntamente com Nicodemos, resgatou-o da cruz diante dos soldados, providenciou o embalsamento e a untagem com óleos e resinas aromáticas e o sepultou no sepulcro que mandara construir no jardim de sua propriedade, em uma esplanada do Gólgata.

Alguns textos indicam que teria sido José de Arimatéia quem trouxe o lençol de linho e o sudário para cobrir o corpo de Cristo e que ele teria seguido o discípulo Filipe até a Gália, atual França.

Na mitologia céltica, ele teria aportado nas costas da Bretanha, portando uma taça, que o folclore transformou no cálice da Santa Ceia e no Santo Graal, o objeto mais precioso do Cristianismo. Ao chegar à Bretanha, onde hoje é a Inglaterra, trocou conhecimentos e segredos esotéricos com os poderosos sacerdotes druidas.

A egrégora dos médicos, no astral, é formada por centenas de trabalhadores espirituais caridosos, que, em suas últimas encarnações, exerceram as funções de médicos, xamãs, curadores, rezadores, raizeiros e benzedores e se distribuem em várias falanges.

---

*N.E.: Sugerimos a leitura de *Magia Xamânica – Roda de Cura,* de Derval Gramacho e Victória Gramacho, Madras Editora.

José de Arimateia

A FALANGE DOS SANTOS CURADORES

Corresponde aos santos católicos especializados em curar determinadas doenças:

- Doenças dos olhos – Santa Luzia
- Doenças da pele – São Lázaro
- Doenças da garganta – São Brás
- Envenenamento – São Bento
- Doenças dos seios – Santa Ágata

A FALANGE DOS MÉDICOS OCIDENTAIS

É composta por doutores em Medicina alopática ou homeopática, muitos dos quais conhecidos dos centros kardecistas:

- Dr. João Correia
- Dr. Rodolfo de Almeida
- Dr. André Luiz
- Dr. José Gregório Hernandez

A FALANGE DOS TERAPEUTAS ORIENTAIS

Formada por médicos orientais, terapeutas especialistas nas principais disciplinas médicas tradicionais asiáticas, como a acupuntura, a fitoterapia e as massagens:

• Ramatis – que também se apresenta na legião dos indianos.
• Babaji (Pai Tomé) – Mestre Agastyar

Babaji

A FALANGE DOS REZADORES

Aqui são encontrados os espíritos curadores pela imposição das mãos, por oração e fé ou por Medicina religiosa espiritual. São os benzedores e rezadores:

Vó Nhá Chica

Pai JoãoMaria de Agostinho

Pai João de Camargo

Mestre Philippe de Lyon

Abade Júlio

A FALANGE DOS CABALISTAS E ALQUIMISTAS

Esta falange é composta por espíritos conhecedores dos segredos dos cristais e das plantas, pois são velhos cabalistas e alquimistas:

- Nicolau Flamel
- Pai Isaac da Fonseca (primeiro cabalista brasileiro)
- Paracelsus
- Pai Jacó

Pai Jacó do Oriente é um Preto-Velho que, na Umbanda, também se apresenta na legião dos árabes, persas, turcos e hebreus. É bastante versado na Cabala Hebraica. Os Pretos-Velhos são regidos por Pai Obaluaiê e atuam nas irradiações dos diversos Orixás.

Pai Jacó é feiticeiro
Em Aruanda, justiceiro
Tira olhados e mirongas
Com ervas sabe curar
Em terreiro, ele demanda
Quando desce em Umbanda
Pai Jacó chegou (bis)
E seus filhos saravou.

A FALANGE DOS RAIZEIROS

É formada por especialistas nos minerais, na flora na fauna e em curativos regionais, pois são praticantes da medicina folclórica. Eles são os mestres juremeiros do Brasil, os mestres ervateiros ou chamarreiros das Américas:

- Mestre Inácio
- Mestre Carlos de Oliveira
- Mestre Rei Heron
- Dom Nicanor Ochoa

Pai Nicanor

Ponto Cantado de Pai Nicanor

Mãe Lurdes
Eu rezo pra Deus no céu,
Eu rezo pra todo santo, (bis)
Rezo pra quebrar feitiço,
Rezo pra cortar quebranto. (bis)

Sou novo pra ser Preto-Velho,
Sou velho pra ser marinheiro,
Muito preto pra ser caboclo,
Muito calmo pra ser boiadeiro,
Por isso é que eu venho pra gira
Como nego raizeiro. (bis)

Rezo gente e rezo bicho,
Por isso sou rezador,
Curo o pobre, curo o rico,
O mendigo e o doutor,
Eu sou curador de fé,
Raizeiro Nicanor. (bis)

OFERENDA PARA AS FALANGES DOS MÉDICOS E SÁBIOS CURADORES

Para as curas espirituais e físicas: traçar no chão, com pemba branca, um coração com uma cruz dentro. Firmar uma vela dourada dentro da cruz e colocar um copo de água mineral sem gás e rosas brancas dentro do coração, ao redor da cruz.

A maior oferenda para esta falange é a dedicação aos trabalhos de cura, com muito amor, desprendimento, firmeza e sinceridade.

Para os trabalhos com esta falange, manter o altar adornado com flores brancas e uma rígida purificação corporal.

A FALANGE DOS XAMÃS

Essa falange é composta por xamãs e curandeiros nativos de todas as terras: África, Oceania, Ásia, América e Europa.

Prece Indígena Norte-Americana
Ó Grande Espírito,
Cuja voz eu ouço nos ventos
E cujo alento dá vida a todo o mundo.
Ouve-me! Sou pequeno e fraco,
Necessito de tua força e sabedoria.
Deixa-me andar em beleza
E faze meus olhos contemplarem sempre
O vermelho e a púrpura do pôr-do-sol.
Faze com que minhas mãos respeitem as coisas que fizeste e
Que meus ouvidos sejam aguçados para ouvir a tua voz.
Faze-me sábio para que eu possa compreender
As coisas que ensinaste ao meu povo.
Deixa-me aprender as lições
Que escondeste em cada folha, em cada rocha.
Busco força,
Não para ser maior que meu irmão,
Mas para lutar contra meu maior inimigo – eu mesmo.
Faze-me sempre pronto para chegar a Ti
Com as mãos limpas e olhar firme,
A fim de que, quando a vida se apagar
Como se apaga o poente,
Meu espírito possa chegar a Ti
Sem se envergonhar.

(Extraída do livro de Léo Artése, *O Vôo da Águia*)

O XAMÃ AZU-TAÍQUE

Do Xamã Azu-Taíque, da Lapônia, Noruega,
psicografado por Mãe Lurdes.

"Todos os xamãs podem vir na Falange dos Magos Curadores – os médicos. Não são da falange dos mongóis, pois nem todos foram mongóis. Os xamãs são tratadores e curadores espirituais e materiais de vários povos do mundo, ligados à natureza, e que se utilizavam dos conhecimentos magísticos dos elementos ligados à ela: terra, água, ar, fogo, vegetais, minerais e cristais.

Cada povo naturalista tinha e tem seus xamãs. Cada xamã tem seus poderes, ligados a determinado(s) elemento(s), que o sustentam, e desenvolve conhecimentos sobre elementos afins. Alguns são especialistas no curandeirismo com ervas e águas, outros com fumaças e fogo, outros com cristais e água, e assim por diante. Todos têm seus animais de poder. Os animais dos xamãs são sempre animais que vivem livres na natureza e lhes dão amparo vibracional, juntamente com os espíritos ancestrais.

Os animais de poder ajudam a sustentar a força e o equilíbrio vibratório do xamã, assim como o fazem em relação ao planeta Terra. Acabar com os animais é enfraquecer vibratoriamente o planeta todo.

Também o uso das ervas e sementes é importante para o xamã. Cada semente é um universo, no qual são recolhidos seres espirituais e energias indesejáveis que estão perturbando a vida dos encarnados. Após um estágio, por tempo indefinido, são encaminhados para outros locais, onde continuarão sua evolução.

Assim ocorre com cada elemento de uso xamânico. São universos que, para o encarnado, parecem coisas minúsculas e sem importância. Aprendam que não é o tamanho que faz algo grandioso. A noção de espaço e tempo é muito diferente do que fixaram os humanos. As coisas de Deus podem ser pequenas na matéria e muito grandes no plano espiritual.

Quanto aos xamãs, são curandeiros capazes de movimentar energias curadoras para aqueles que têm o merecimento da ajuda do plano espiritual. Eles desencadeiam essas energias a partir dos elementos da natureza que estão à sua disposição, com a ajuda dos elementais. Eles sabem fazer vibrar cada elemento na frequência correta, para desencadear curas. São magos da natureza, e ela é o seu lugar de fortalecimento e sua fonte de poder.

Podemos achar inóspito o meio em que vive um xamã, como as terras geladas, por exemplo. Mas o xamã é capaz de se interligar com os elementos naturais do lugar e deles extrair os benefícios necessários para o seu povo. O homem civilizado perdeu essa capacidade, pois deu as costas para o plano divino e está se ligando cada vez mais aos planos sem luz.
Muito cuidado!"

XAMANISMO MONGOL, SIBERIANO E ESQUIMÓ

O Xamanismo é uma das mais antigas expressões de religiosidade humana. O conjunto de práticas e tradições dos xamãs é comum a toda a humanidade, com certas diferenças regionais. Enquanto o xamã siberiano utilizava o tambor como instrumento ritual, o pajé índio brasileiro, o caboclo curador, usava o chocalho (maracá); o indiano, a tablat, e assim por diante. Tais semelhanças e diferenças se repetem nos aliados do mundo mineral, animal e vegetal, nos objetos de poder, nas cosmovisões de mundo ou nas receitas de remédios.

O Xamanismo pode ser entendido como a magia natural, a sabedoria ou tradição sempre presente em todos os povos, em uma camada nativa ancestral.

XAMANISMO ESQUIMÓ

Onde tudo, tudo é gelado,
Salve o povo esquimó
Que vem de Aruanda dar o recado!
Salve a Groenlândia, salve o Polo Norte
Salve o povo esquimó,
Que conhece a lei da Umbanda!
Ponto do Povo Esquimó
Dp

O povo esquimó, cujo verdadeiro nome é inuit, ocupa a gélida região do Círculo Polar Ártico que abarca o Alasca, a Groenlândia e o Canadá. Através das Ilhas Aleutas em plena Idade do Gelo, hordas de siberianos atravessaram o istmo congelado do Estreito de Behring rumo à América. O povo inuit tornou-se o primeiro herdeiro do Xamanismo siberiano, preservando-o por milênios em seus rituais de cura, realizados à luz das auroras boreais. Detém a forma mais pura do conhecimento ancestral xamânico siberiano.

Segundo os xamãs do Alasca, os anganuit, tudo é constituído de espíritos, evocados mediante cânticos e percussão. Seus animais guardiões de poder são magnificamente representados em policromáticos totens e pinturas. As iniciações são praticadas no total isolamento das imensas planícies brancas e geladas do Ártico.

Onde tudo é gelado,
Onde tudo é gelado,
Tem um povo esquimó
Que conhece a lei de Umbanda,
Que conhece a lei de Umbanda!

*Lá na Groenlândia,
Onde tudo é nevado,
Onde tudo é nevado
Tem um povo esquimó
Que conhece a lei de Umbanda!*
                    Ponto do Povo Esquimó
                                        Dp

Xamã Mongol

*Vinde, vinde,
Espíritos mágicos.
Se não vierdes,
Irei ao vosso encontro.*

*Acordai, acordai,
Espíritos mágicos.
Vim até vós,
Despertai desse sono.*

Canto exorcístico dos xamãs siberianos

XAMANISMO SIBERIANO

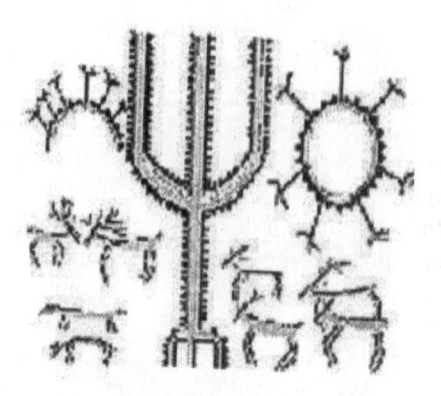

Na direção do nascer do Sol
As configurações sagradas revelam-se visíveis

Cântico xamânico siberiano

O termo xamã provém do dialeto tungue, dos povos tungusi, das tribos uralo-altaicas da Sibéria, e significa homem de conhecimento, aquele que tem a habilidade de trabalhar a espiritualidade para aqueles que o rodeiam. No extremo nordeste da Sibéria, algumas tribos chamavam de xamãs os seus guias espirituais.

Embora berço do Xamanismo da maioria das tradições indígenas americanas, a ritualística mongol-siberiana quase veio a desaparecer no século passado. Em 1940, o governo stalinista resolveu acabar de vez com ele, na Sibéria, na Mongólia e nas regiões vizinhas. Sua transmissão de conhecimento hereditária e oral enfrentou o total desinteresse dos jovens, que recusavam iniciar-se. Resistiu na clandestinidade por mais de 70 anos, chegando quase à extinção.

Com a queda da União Soviética, a ritualística xamânica vem ressurgindo com muito vigor no deserto de Gobi, na Mongólia, na Sibéria, na Estônia e na Lapônia e acabou virando moda entre os *yuppies* russos. Ao longo da transiberiana, podemos encontrar inúmeros xamãs dando consultas a turistas. Moscou é atualmente um grande centro de Xamanismo siberiano, e suas práticas terapêuticas, exorcísticas e fitológicas são agora estudadas nas principais universidades.

Algo análogo ocorreu em Cuba, onde a Santeria e os Palos foram proibidos pelo governo castrista. Atualmente, com a abertura religiosa, encontramos em todos os logradouros centrais de Havana "Pais-de-Santo" jogando búzios para os turistas.

O XAMANISMO SIBERIANO E A ESCRITA MAIA

O Xamanismo siberiano é tão próximo das tradições indígenas americanas que o antropólogo russo Knorosov[18] decifrou a escrita dos maias a partir de seus conhecimentos da grafia xamânica siberiano-mongol e de egiptologia. É notório o poder de exorcismo e cura dos xamãs siberianos. Como nas tradições americanas, os xamãs mongol-siberianos possuem um animal de poder guardião.

O lendário Rasputin, que, a despeito da Medicina de seu tempo, era o único capaz de curar o príncipe herdeiro hemofílico, fora iniciado pelos xamãs siberianos. Esta figura de olhar terrível, longas barbas e mais de 2 metros de altura, que incorporava a poderosa entidade xamânica siberiana, "Pai Gregori", embora detentor de grande dom de cura, utilizou erroneamente sua mediunidade, seduzido pela fama e pelo poder político.

Os xamãs siberianos trabalham em seus rituais, amparados por falanges de espíritos guardiões denominados Loshiteles, que os conduzem em transe aos planos superiores e aos mundos inferiores.

O DNA MONGOL

Os xamãs esquimós possuem profundo conhecimento ritualístico. Sua tradição remonta há milênios, quando as hordas nômades de mongóis siberianos, que originariam a grande maioria das tribos indígenas da América, atravessaram o istmo gelado, no Estreito de Behring, entre os dois continentes (Ásia e América).

O Xamanismo esquimó do Alasca e da Groenlândia conserva o ritual primitivo desses povos, sendo muito semelhante ao dos siberianos. Cerimônias de cura e exorcismo são feitas pelos xamãs esquimós, à luz policromática das auroras boreais.

O índio brasileiro tem o DNA mongol. O grande pajé Sapaim, dos kamaiurás, no Baixo Xingu, segredou-me que, em rituais no Xingu, entra sistematicamente em contato com os xamãs do Alasca e da Groenlândia. Isso foi fundamental, abrindo-nos os horizontes e alertando-nos contra a restrita concepção apenas geográfica de "índio brasileiro".

Alberto Marsicano

---

18. Knorosov: veja em *www.marsicano.tk*.

O CABOCLO PERI

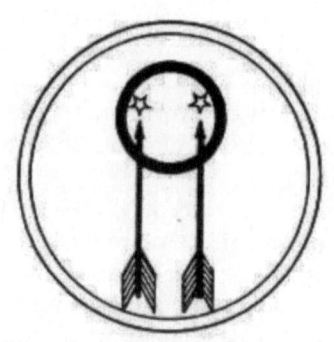

Ponto dos Cablocos Tupayba e Peri

"O Caboclo Pery (antigo xamã ameríndio) trabalha nas consultas, na sessão de caridade, com um séquito de duendes e silfos, que vão buscar as essências de ervas nas florestas do astral e no éter específico de matas da crosta. Podemos afirmar que eles se agrupam em numerosas classes: os da floresta, das grutas, da subcrosta, dos areais, dos desertos, das planícies, das regiões geladas, etc., cada espécie desempenhando determinados trabalhos, sob a supervisão de espíritos superiores. Esses trabalhos vão desde a proteção de animais até a produção de determinados fenômenos naturais, ou, como estamos comentando, no auxílio às entidades que estão atuando na cura nas sessões de caridade da Umbanda..." (Norberto Peixoto, *Vozes de Aruanda,* Editora do Conhecimento).

OFERENDA PARA O POVO ESQUIMÓ

Para afastar os inimigos ocultos e destruir forças maléficas: traçar no chão, com pemba rosa, um círculo. Firmar três, cinco ou sete velas rosa e arrumar pedacinhos de peixe defumado em um alguidar.

Colocar tudo dentro do círculo. Cantar ou recitar o ponto do povo esquimó.

A LINHA DOS CIGANOS

*Onde quer que estejas,
um lugar melhor te espera.*

Provérbio cigano

FILHOS DO VENTO

Os ciganos são poeticamente denominados "Filhos do Vento" por sua liberdade, fluida mobilidade e errância. Sempre ao sabor do vento, percorrem os quatro cantos do mundo em sua mágica trajetória. Profundos conhecedores dos caminhos, em sua saga milenar, vêm recolhendo conhecimentos iniciáticos de todas as culturas e tradições.

Seus magos, os "Kakus", detêm segredos da alta magia, sendo versados também na arte da cura e em Fitologia. A magia faz parte de seu cotidiano, e todo cigano, quando chega à puberdade, recebe iniciaticamente, como "ferramentas", um punhal que empunha com a mão direita e uma garra seca de galo que segura com a esquerda.

Oração ao Vento

(para pedir liberdade)

*Vento que é livre e penetra em todos os lugares,
areje este recinto e nossos pulmões!
Traga-nos o cheiro da liberdade
e persevere nossa vontade de deixar este lugar.*

*Traga-nos o odor das flores,
das matas, da terra e do mar!
Envolva-nos e nos faça capazes
de por nossa liberdade lutar!*

Aretai! Aretai! Aretai!

Cigano Zurtin, para Mãe Lurdes

Sua cultura extremamente sofisticada vem, há vários séculos, influenciando grandes artistas ocidentais. Paganini, que era o único "gajón" (não-cigano) a ser convidado em suas festas, tocava febrilmente seu violino acompanhando os dançarinos. As inovações por ele introduzidas em seu instrumento tiveram origem na técnica violinística cigana, com seus sinuosos harpejos e modulações. Esse prodigioso violinista iniciara-se também na magia cigana do fogo e suas escalas secretas. Com os trinados de seu violino, acendia velas em candelabros, estrategicamente dispostas no palco.

Os magistrais músicos ciganos, como Camarón de la Isla, Manitas de Plata e outros, que com sua arte fazem rodopiar a energia, são denominados "os que possuem El Duende".[19]

O compositor Claude Debussy viajava até a Hungria apenas para ouvir num pequeno cabaré um violinista cigano que, segundo suas palavras, "Imantava o Espírito da Música". O escritor espanhol Garcia Lorca celebrizou, em livros como *Romancero Gitano*, a poesia e o espírito romântico cigano andaluz.

Ponto Cantado

*Gemem os violinos,
à luz do luar prateado,
a fogueira aquece os corações,
pro trabalho que será realizado.*

---

19. El Duende: – dom ou espírito que inspira o artista.

*As ciganas agitam suas saias
e os ciganos dançam muito elegantes
e na dança vibram corpos, vibram almas,
exalando seus perfumes tão fragrantes!*

*É magia, é magia do luar,
É magia, é magia do amor,
É magia, é magia do luar,
É magia, é magia do amor!*

Mãe Lurdes

NÔMADES DO TEMPO

Regido pelo tempo (Oiá) e pelo espaço (Oxalá), o povo cigano se move livremente tanto no espaço como no tempo. Admirados e temidos por seu poder, os magos ciganos herdaram dos indianos o "Barcat" ou Olho de Fogo, capacidade oculta de transmissão de energia por meio dos olhos. Os elementos relativos ao culto do fogo, presentes entre os ciganos, foram adquiridos também quando esse povo esteve estabelecido na Pérsia, antes da dominação islâmica.

Utilizam o elemento espelho, para refletir o tempo, a memória ancestral, os conhecimentos, a arte da cura e o dom da vidência. Nômades do tempo, é lendária a vidência de seus magos e sacerdotisas. Por meio de cartas ou suportes materiais como bolas de cristal, estrelas do mar e simples copos d'água, o futuro, o presente e o passado desdobram-se no vórtex temporal de suas visões. O símbolo da vidência entre os ciganos é a coruja, presente em anéis, talismãs e colares, pois "enxerga no escuro".

CARAVANA DO SOL

Precisar origem para a mágica e errante caravana é como tentar fixar o vento. Há indícios que apontam o início de sua história por volta do milênio IV a.C., com povos irano-mediterrâneos e sumérios, no baixo vale do Eufrates, empurrados para a Índia, com a pressão dos mongóis e dos Impérios Hitita, Armênio e Persa. Embora apontada como errônea e sem base científica pela maioria dos autores e especialistas, a origem egípcia dos ciganos é tida como muito anterior à passagem pela Índia.* A saga cigana é milenar e provavelmente estivera em alguma passagem antes do Antigo Egito.

---

*N.E.: Sugerimos a leitura de *Missão da Índia na Europa – Missão da Europa na Ásia*, de Saint-Yves D' Alveydre, Madras Editora.

Em 1750 a.C., algumas tribos ciganas passaram por vários lugares, chegaram ao Egito e, após tantas voltas, permaneceram na Índia por mais tempo, daí surgindo a influência indiana em sua cultura. No ano 1000 d.C., espalharam-se pelo Oriente e pela Europa, passando pelo Egito, do qual têm sido, através dos séculos, grandes guardiões dos seus segredos iniciáticos. A denominação cigano, gitano, gypsy vem do termo egipciano, sendo chamados de "egípcios" na Península Ibérica.

Carroções tradicionais dos ciganos da Inglaterra

A saga gitana estabeleceu-se por milênios no centro-norte da Índia, no Rajastão. No século X, teriam de lá sido expulsos. Daí a grande semelhança entre o híndi e o romanês, a língua cigana. Água, por exemplo, no híndi e no romani é pani.

A tradição cigana é oral, não havendo livros confiáveis sobre o assunto. Aliás, a grande maioria dos ciganos nem sabe ler e escrever. Os ciganos riem das bobagens escritas nessas obras e até as apreciam, pois seus segredos permanecem intocados.

Ponto de Cigana

Ginga, ginga, cigana, auê,
ginga, ginga, cigana, auá! (bis)

Ginga cigana contente,
Ginga cigana a bailar! (bis)

De um lugar muito distante
a caravana chegou, (bis)
ela veio do oriente,
foi o tempo que mandou. (bis)

Mãe Lurdes

Uma característica marcante do povo cigano é a liberdade em relação às nacionalidades, aos padrões sociais e aos preconceitos que escravizam. Outra característica é o seu conhecimento magístico e curandeiro, principalmente nos campos da saúde e do amor.

O Brasil acolheu os primeiros ciganos no século XVI, enviados de Portugal como degredados, em 1574, para aqui trabalharem como ferreiros e ferramenteiros.

Eram conhecedores da mãe natureza e dos mistérios da incorporação de seus ancestrais, mas aqui chegaram como católicos. Só vieram como autônomos, a partir do século XIX, 1808, acompanhando o séquito de Dom João VI.

OS CIGANOS NA UMBANDA

Assim como ocorre com as demais linhas de trabalho, legiões e falanges que atuam na Umbanda, também os ciganos estão a serviço do mundo astral. Têm como sustentadores espíritos antigos e evoluídos de seu povo, que preservam seus costumes na forma de trabalho e propiciam a ampliação dessa corrente, acolhendo espíritos ciganos, merecedores de trabalhar no contexto espiritual.

Saudação: Salve os Ciganos!

Já comentamos que a corrente astral de Umbanda é aberta a todos os espíritos que queiram praticar a caridade, independentemente de suas origens terrenas e encarnações, e que os acolhe em suas linhas de ação.

Houve época em que dirigentes umbandistas não aceitavam ciganos em seus trabalhos. Eles incorporavam, então, disfarçados, nas linhas dos Baianos, Exus e Pombogiras.

O Oriente luminoso que organizou a Umbanda, antes das décadas de 1950 e 1960, integrou os espíritos ciganos à Linha do Oriente. A Umbanda acolhe todos os filhos de Deus em suas linhas, e tamanha foi a simpatia do povo umbandista por essas entidades e a seriedade de seu trabalho, orientando com sabedoria, ensinando a beleza da criação e a alegria de viver, que foi criada uma "linha" ou corrente independente, específica para eles, com sua própria hierarquia, magia e ensinamentos.

Seus trabalhos estão voltados para as necessidades mais terrenas dos consulentes, e, hoje, a influência do povo cigano na Umbanda cresce cada vez mais.

Na Linha dos Ciganos, encontramos espíritos que tiveram encarnações como ciganos e também os que foram atraídos para essa linha por afinidade com a magia cigana. Por isso, os ciganos na Umbanda não têm obrigatoriamente de falar espanhol ou romanês, ler cartas ou fazer adivinhações. Há os espíritos ciganos que fazem isso porque já o faziam quando encarnados e outros não.

A Linha dos Ciganos tem seus rituais e fundamentos adaptados à Umbanda. É uma linha espiritual especial, hoje em expansão, cujas entidades trabalham na irradiação dos Orixás, mas louvam sua padroeira, Santa Sara Kali-yê.

A influência das entidades ciganas se fez presente, desde a primeira metade do século XX, no culto da Jurema ou Catimbó, com o determinado chefe kalon, Mestre João Cigano.

Sou eu rei dos ciganos,
Sou eu rei dos ciganos,
Trabalho em poço fundo,
Vim procurar meus mestres,
Que curam no outro mundo!

Ponto de Mestre João Cigano
Dp

Os ciganos são desprendidos das coisas materiais e exemplos de liberdade, de amor à natureza e a Deus. São monoteístas, conhecem o livre-arbítrio, a lei de causa e efeito, acreditam na reencarnação e são austeros e severos do ponto de vista religioso.

São profundos conhecedores das magias e das essências dos elementos água, terra, fogo e ar, das ervas e das pedras, reconhecendo todas as dádivas da natureza como bens divinos.

Na Umbanda, atuam como guias espirituais de maneira extremamente respeitosa e sempre procuram mostrar o caráter fraterno do povo cigano, seu respeito com o alimento e a capacidade de repartir o pão. Aceitam o ritual umbandista, como meio evolucionista, e retribuem com suas ricas orientações e com a alegria de seus cantos e danças.

Ponto de Chegada dos Ciganos

Os ciganos não têm hora pra chegar,
mas vêm em paz, com fé e alegria,
sapateiam e começam a cantar
a qualquer hora da noite ou do dia.

São Pablos, são Ramiros e Joanitos,
são Saras, Madalenas e Rositas,
são ciganos com seus cantos tão bonitos,
são ciganas com seus lenços, saias, fitas!

Mãe Lurdes

São bastante conhecidos na Umbanda os ciganos Ramiro, Pablo, Juan, Igor, Juanito e as ciganas Sara, Madalena, Rosita, Esmeralda e muitas outras. As entidades ciganas atuam nas irradiações dos diversos Orixás, e podemos, numa gira, por exemplo, abrir os trabalhos com Pai Ogum – Orixá do ar, ordenador dos caminhos – e sustentá-lo com mãe Egunitá (fogo), pois os ciganos sempre estão ao redor de suas fogueiras, ou abrir e sustentar a gira com outros Orixás da Umbanda.

Ponto de Ciganos

Eu venho de muito longe, não paro de caminhar,
corri estradas, corri mundo, pra chegar neste lugar!

Gira a roda, giro eu, gira o mundo de meu Deus,
Gira o Tempo, giro eu, pra rever os filhos meus!

Mãe Lurdes

ORAÇÃO AO FOGO
(Para momentos difíceis)

Fogo vivo do Pai Celeste que nos aquece,
no inverno de nossas caminhadas!
Fogo vivo que coze nossos alimentos,
No dia-a-dia de nossas paradas!
Aqueça nosso coração para suportarmos
esta triste sina que estamos vivendo.
Mantenha-nos unidos ao nosso povo,
por meio da energia que emana.
Sustente-nos, para que tenhamos força
para sair desta situação estranha.
Fogo sagrado! Mantenha-nos firmes e fortes!

Amacierai! macierari!

Cigano Zurtin, para Mãe Lurdes

Ponto de subida dos Ciganos

Roda, roda, carroção,
Neste mundo de meu Deus,
Cada volta é uma emoção,
Vejo a sorte e dou adeus.

Adeus, adeus, vou embora,
Adeus, adeus, já vou,
Adeus, já está na hora,
A estrada me chamou.

Mãe Lurdes

Da mesma forma que as outras linhas têm seus Exus Guardiões e Pombogiras Guardiãs, também os ciganos se apresentam na esquerda, fazendo a guarda dos médiuns e dos terreiros, como o Exu Cigano, a Pombogira Cigana, a Cigana do Oriente e outros.

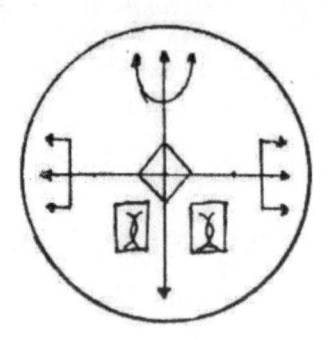

Ponto da Cigana do Oriente

Vem chegando, com seu povo,
A Cigana do Oriente,
Das noites enluaradas
E das tardes de Sol poente.

Ela é ciganinha,
Tão jovem na aparência,
Mas tem poder e tem mistério
Na essência.

Mãe Lurdes

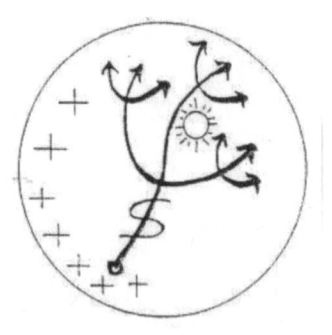

Ponto de Pombogira Cigana

Eu quero ler seu futuro...
Seu passado e seu presente
Sou Pombogira Cigana...
Que venho do Oriente
Gosto de jóias e dinheiro

Risco ponto no terreiro...
Leio seu futuro... Seu passado...
E o presente

Publicado in *Pontos Cantados e Riscados,*
Gilson S. Santos

A presença de ciganos tem sido cada vez mais constante na Umbanda, e, em muitos terreiros, eles próprios já pedem para que os médiuns trabalhem com roupa branca e tenham apenas os seus elementos magísticos, como lenços, baralhos, espelhos, adagas, anéis e outros. Nos dias de suas festas, podem ser utilizados os violinos, a cítara, a viola, os pandeiros e outros instrumentos característicos.

OFERENDA PARA O POVO CIGANO

Os ciganos são oferendados em campos abertos, com fitas e velas coloridas, moedas antigas, mel, vinhos, broas, frutas e flores variadas, folhas de sândalo e de tabaco, que podem ser arrumadas em cestas de vime ou sobre folhas.

O ORIENTE NA UMBANDA

*O Oriente está na Umbanda,
e a Umbanda, no Oriente.*

Há muitos pontos comuns entre a Umbanda e o Oriente. A Umbanda atualmente passa por um período de renovação, e acreditamos que a visão oferecida pelo Oriente será de grande valia para os médiuns umbandistas deste terceiro milênio. Práticas orientais já vêm ocorrendo em diversos centros de Umbanda brasileiros.

DHARMA E LEI MAIOR DA UMBANDA

*Pedrinha, miudinha,
Pedrinha de Aruanda, ê,
Lajedo, tão grande,
Tão grande de Aruanda, ê!*

Ponto de Caboclo Boiadeiro
Dp

*As pedras grandes são grandes,
As pedras pequenas são pequenas.
As pedras grandes são pequenas
E as pequenas são grandes.
As pedras não são pequenas ou grandes,
Apenas pedras.*

Aforismo Zen

A Lei Maior Divina das religiões orientais, como o Budismo e o Hinduísmo, é denominada Dharma, concebida como algo muito além das classificações de nossa singela e restrita lógica.

Os chineses sempre foram céticos em enquadrar o Universo num esquema definido e fechado, noção agora compartilhada pela física contemporânea.

O Zen-Budismo, principalmente na seita Soto (criada por Dogen para os camponeses e avessa a intelectualismos), centra sua prática na postura de lótus – posição na qual Buda despertou – e no não pensar. Antes de tudo, é preciso esvaziar a mente, e, apenas por meio do sentimento da vacuidade, ela poderá receber o orvalho celestial.

> *Pela janela*
> *entreaberta*
> *um raio de luar*
>
> Kyorai

ZEN E UMBANDA

*Bem-vindos
flocos de neve
da Terra Pura*

Issa

VAZIO ZEN E CONTATO MEDIÚNICO

O médium umbandista poderá ficar na posição de lótus e esvaziar sua mente, preparando-se para o trabalho espiritual. Tudo deve desaparecer, e esse vazio criará a possibilidade perfeita para a incorporação mediúnica.

Os guias, durante a incorporação, mantêm esse estado de vacuidade e limpeza absoluta das mentes, girando os médiuns, para poderem tomar conta de seus movimentos. No ato de girar, eles expandem seus campos vibratórios e os dos médiuns, desobstruindo-lhes os pontos necessários, movimentando suas energias, mexendo em campos astrais e fazendo projeções energéticas.

Durante a incorporação, esse "vazio" da mente faz com que tenhamos uma percepção diferente do espaço, da iluminação e do som. É como se houvesse um filtro em nossos sentidos.

> O Pai Ogum que me dá assistência, o Senhor Sete Espadas, quando incorpora, antes de mais nada, sempre gira três vezes ao redor dos médiuns no congá, em sentido anti-horário.
> Certa vez, numa gira na qual havia muitos médiuns, tentei comandar a situação, achando que não daria para ele fazer os giros no terreiro, com tanta gente. Levei uma descarga energética em minha coluna, como se fosse uma lambada; ele se comunicou comigo, dizendo: "rondar o terreiro é minha função". A seguir, não consegui pensar em mais nada, minha mente se esvaziou, e, incorporada com o Senhor Ogum Sete Espadas, saímos em disparada para fazer a ronda.
>
> Mãe Lurdes

Perguntaram ao Mahatma Gandhi:
- No que o senhor pensa quando medita?
- Em nada!
- Mas, se nada fica em sua mente, o que é que sobra?
- Deus! Respondeu o Mahatma.

A atmosfera de paz e tranquilidade é a mesma tanto nos templos Orientais como nos templos de Umbanda, imperando uma aura de profunda vibração e energia. Antes dos trabalhos, as entidades já estão lá, irradiando sua luz e espiritualidade.

Em profundo silêncio
o menino, a cotovia,
o branco crisântemo

Bashô

Nos templos de Umbanda, quando se tocam, por exemplo, os pontos de chamada de Caboclos, a energia se irradia, imantada pelo couro da Curimba, e o tempo imerge na dimensão esmeralda das matas; um tempo mágico, repleto de sortilégio e mistério. Esta é a dimensão temporal do transe. Um tempo profundo, permeado pelo magnético estalar dos dedos dos Caboclos e por suas palavras mântricas em tupi-guarani.

OS TEMPLOS ZEN

Sempre o que mais impressiona nos templos Zen é o seu clima etéreo de profunda tranquilidade. Essas casas de Pai Oxalá primam por vibrar numa frequência altíssima, e, ao penetrarmos em seu interior, sentimos essa poderosa harmonia nos envolver. Ao iniciarmos o zazen, na postura de lótus, nossa percepção se altera totalmente. O som da chuva não é mais o mesmo, e degustamos o som de cada gota caindo nas folhagens. Na vacuidade, o orvalho celestial se esparge suave em nossas mentes. O soar profundo do tambor e do sino marca o término do Zazen. Um clima de profunda paz envolve a sala. O olhar das pessoas torna-se sereno e imerso no Dharma.

OXÓSSI E A ARTE DO ARQUEIRO

Uma flecha zuniu no ar,
Quem seria tão forte arqueiro?
Quando a estrela brilhou na mata virgem,
Pude ver o Caboclo Flecheiro.

Ponto do Caboclo Flecheiro
Dp

Na Umbanda, as flechas têm um significado muito especial, principalmente nos pontos riscados dos Caboclos. Dístico emblemático da linha de Oxóssi, estas flechas dirigem a energia cósmica e, segundo suas configurações, determinam a falange do Caboclo que riscou o ponto.

Certa vez, Sapaim, da tribo camaiurá do Baixo Xingu, revelou-me que o caminho do arqueiro indígena, como o do pajé, é também iniciático e repleto de provações. Sapaim segredou-me que é o fortalecimento espiritual do arqueiro que o torna invencível, dificilmente errando ao atirar suas flechas".

Na cuidadosa confecção das flechas, realiza-se um grande exercício espiritual. Seu ritual começa na escolha das penas dos pássaros, cuja forma e coloração orientarão o vôo das flechas e o desempenho do arqueiro.

Banhos de ervas e tatuagens rituais fortalecem o corpo do arqueiro, e exercícios e cânticos xamânicos revigoram seu poder de concentração da energia espiritual que o fará acertar o alvo.

Segundo palavras do pajé Sapaim: o flecheiro é, na verdade, um caçador de luz espiritual.

Alberto Marsicano

Seu Sete Flechas arriou neste congá,
saravá, seu Sete Flechas, saravá, seu jacutá,

Saravá, seu Sete Flechas,
com seu brado e seu cocar,
está chamando os capangueiros,
que ainda estão no Juremar.

Com Sete Flechas, ele vai caçar,
caça aqui, caça acolá,
ele vai caçar!

Mãe Lurdes

A ARTE ZEN DO ARCO E FLECHA

O pensamento Zen encontra-se no cerne das artes marciais japonesas. A arte do arco e flecha não é pensada no Japão como um simples esporte, mas uma prática Zen de atingir-se o Satori (despertar espiritual).

Mestre Tosei havia comentado que certo nobre, que se dizia grande mestre na arte do arco e flecha, costumava errar sempre que atirava.

– Não é bem assim, proclamaram os assessores do fidalgo; ele às vezes acerta o alvo!

– Até relógio quebrado acerta duas vezes por dia, retrucou Tosei.

O grande mestre da arte do arco e flecha, Kenzo Awa, costumava afirmar que o arqueiro apenas acerta o alvo quando acertar ou errar para ele já não faz mais diferença. A flecha, que se desvia um pouco no início, afastar-se-á muito mais ao longe.

O mestre Kenzo dizia saber de antemão se um arqueiro acertaria ou não o alvo, até pela maneira com que este retirava as flechas do estojo. A concentração na etapa inicial de todo o processo é fundamental para o êxito. Essas fases preparatórias são vistas com extrema importância pelos praticantes do Zen. O resultado final é sempre fruto de um início correto.

Um pintor japonês, de tinta nanquim Sumiê, leva horas para preparar a tinta e se concentrar; a pintura, geralmente, é feita em segundos, com gestos muito rápidos e precisos. Toda a arte do arco e flecha, como a pintura Sumiê, não admite correções.

O ARQUEIRO ZEN E A FOLHA DE BAMBU

O mestre arqueiro Kenzo Awa dizia também que, para se atingir um alvo com precisão, a flecha deveria ser solta pelos dedos com a mesma fluidez e suavidade com que a neve escorrega das folhas do bambu. No inverno, a neve vai se acumulando lentamente sobre a folha até que, a certo ponto, esta, não mais aguentando o peso, inclina-se repentinamente e a neve cai, deslizando por sua superfície. Segundo o mestre Kenzo, é precisamente dessa maneira que a flecha deve ser solta pelos dedos do arqueiro.

OGUM E A ARTE ZEN DA LÂMINA

A espada de Ogum tem um significado altamente simbólico. Quando o iniciado ganha a espada de Ogum, essa arma será fundamental em sua árdua batalha espiritual.

Nos tempos medievais, nas grandes confrarias como a Ordem dos Templários, que escoltavam as hordas rumo às Cruzadas, os cavaleiros eram sagrados com a espada, colocada sobre seus ombros direito e esquerdo.

É muito provável que a representação de Pai Ogum, armado com a espada e cavalgando seu cavalo branco, tenha chegado ao Brasil via Templários. Na África negra, a arma utilizada era a lança e não a espada. Além disso, a criação de cavalos era extremamente dificultada pela existência da mosca tsé-tsé.

Na Umbanda, a espada de Ogum, assim como o machado de Xangô, tem um alto valor simbólico e prático, pois quebra as demandas do mal. Ogum está tradicionalmente associado ao elemento ferro, à forja e à têmpera do aço. Ogum é o Senhor dos Caminhos e das Encruzilhadas e, com sua espada, orienta nossa trajetória espiritual. Ele rege os Exus, na Umbanda.

As sete espadas que defendem a lei
São espadas de Ogum, cavaleiro de Ronda,
As sete espadas que defendem a lei
São espadas de Ogum, cavaleiro de Umbanda.

Ogum é Pai, Ogum é lei
e nos defende com espadas de luz,
Ogum é Pai, é nosso rei,
É o cavaleiro que comanda e nos conduz.

Mãe Lurdes

A ALMA AFILADA

O caminho da arte da espada, no Japão, recebe o nome de Kendô* (*Ken* = lâmina + *do* = caminho). O Kendô concebe a alma humana como a espada de aço, pois, para temperar-se, deve passar várias vezes pelo fogo e pela água.

---

*N.E.: Sugerimos a leitura de *A Arte do Kendô e Kenjitsu – A Alma do Samurai*, de Darrell Max Craig, Madras Editora.

Os samurais, dotados de um severo código de ética denominado Bushido,* eram exímios espadachins. Seu caminho iniciático consistia antes de tudo em afilar seu espírito pela intensa prática do zazen (postura de lótus). Os praticantes do Kendô atingem tal grau de concentração que a espada vai sozinha, em movimentos tão fluidos que, literalmente e sem artifícios, desloca-se por si só.

Miyamoto Musashi, o mais famoso espadachim japonês de todos os tempos, certa vez, procurou um grande mestre na arte de afiar a espada. Ao chegar ao local de sua morada, deparou-se com uma grande placa na porta do estabelecimento: "Afiador de Almas"

O idoso mestre havia se tornado monge e, desde então, apenas afiava almas.

CASA GRANDE E ZENZALA – A SABEDORIA ZEN DOS PRETOS-VELHOS

Os Pretos-Velhos, com voz pausada e solene, nos trazem sua ancestral sabedoria e profundo conhecimento de magia. Muitas vezes, seus conselhos são tão metafóricos e enigmáticos como os koans Zen. Suas palavras singelas e formuladas num linguajar simples infundem-nos um estado de reflexão, no qual tudo se desvela. É precisamente isso que faz o mestre Zen ao lançar um koan ao neófito.

Estará distante
a aldeia de Kasajima?
Obscura estrada sem fim

Bashô

No caminho da fazenda tem areia,
Pai Joaquim já falou que tem areia.
Tem areia, tem areia,
No caminho da fazenda tem areia.

Ponto de Pai Joaquim

Caminho lento
Pela estreita trilha
Ao santuário de Isé

Bashô

---

*N.E.: Sugerimos a leitura de *Bushido – O Código do Samurai*, de Daidoji Yuzan, Madras Editora.

Pisa na Linha do Congo,
meu filho, filho meu,
pisa na Linha do Congo,
Devagar, filho meu.

   Ponto de Preto-Velho
      Dp

ZEN PELINTRA

Seu Zé Pelintra,
ó que noite enluarada!
Tudo está se assentando,
Zé Pelintra é camarada!
      Dp

 Uma entidade muito respeitada e cultuada na Umbanda é o Zé Pelintra, cujo perfil é inconfundível: extrovertido, alegre, cantador, sambador, festeiro. Sua fala, repleta de jogos de palavras, embora alegre e descontraída, é profunda e enigmática como a dos mestres Zen.

Zé Pelintra no Catimbó
É chamado de doutor,
Quando abre sua mesa
Tem fama de rezador.
     Dp

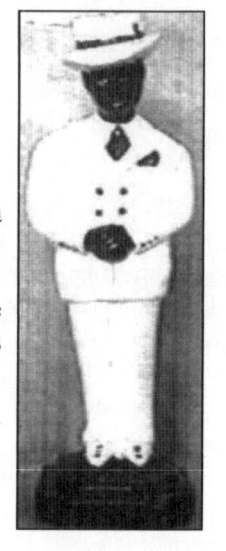

 Elegantemente trajado, de terno branco, chapéu branco e gravata vermelha, ele não se manifesta apenas na Umbanda, mas também, no Catimbó, na Pajelança, na Santeria e no Palo cubano, no Vodu haitiano, no Candomblé e na Quimbanda.

 Como mestre que é, capoeirista das dimensões, pode atuar em qualquer banda, pois tem axé para tanto. Seu Zé é mestre da Jurema, vem pela linha dos baianos, mas também pode incorporar na linha de boiadeiros, de caboclos ou de Pretos-Velhos, trazendo potencialidades curadoras, quebrando demandas e orientando os consulentes. No seu sinuoso e fluido gingado, Zé Pelintra malabariza os limites não duais da realidade. Manifesta-se tanto na direita, na Linha das Almas, quanto na esquerda, na Linha dos Exus.

 A Lei Maior da Umbanda, como também o Dharma, não é dualista. É dialética, não separando de forma categórica a direita e a esquerda. Muito ao contrário, a força xamânica do iniciado umbandista provém da mediação, da profunda relação estabelecida entre esses dois lados.

HERMENÊUTICA E EXUÍSTICA

A iluminada e cristalina língua grega nos legou o termo hermenêutica, que significa a interpretação de um texto, ou seja, o caminho utilizado para a decifração da linguagem. A hermenêutica é pensada como a ciência de Hermes, a sapiência das vias de acesso ao discurso. Hermes, na Antiga Grécia, era o mensageiro dos deuses. Exu, como Hermes, não é apenas a entidade dos caminhos e das encruzilhadas, mas também o discurso. A linguagem é antes de tudo pensada como caminho. O neologismo "Exuística" designaria a ciência de Exu, tendo um significado análogo à hermenêutica.

Exu está nos campos de todos os Orixás, auxiliando-os. Possui um grau magnético e uma faixa vibratória só sua, pelos quais se irradia, flui, se manifesta e atua na vida dos seres, vitalizando e transformando. Exu é agente da Lei Maior, é elemento mágico e religioso.

O vocábulo "paranoia", do grego *para-nous*, significa fora do trilho. Esse trilho é a Lei Maior, denominada *logos* pelos antigos gregos. Exu é o vazio que se interpõe entre o interior divino e o exterior, que ainda desconhece a Lei Maior. Exu é agente da Lei Maior, é elemento mágico e religioso e não aquele que se volta contra a Lei Maior, como pensam alguns invertendo tudo.

Ninguém chega a Deus sem passar pelos portais de Exu, Guardião da Lei Maior. Exu, na Antiguidade, era denominado Hermes na Grécia e Mercúrio em Roma. São Cristóvão, o padroeiro dos viajantes (sincretismo romano cristão para Hermes), carrega nos ombros Cristo criança.

Na alquimia,* o ouro emerge do mercúrio. Na química moderna, é por meio do mercúrio que se separa o ouro do minério. E o planeta Mercúrio é o mais próximo do Sol.

"Exu escreve reto em linhas tortas; escreve torto em linhas retas e escreve torto em linhas tortas. Só não consegue escrever reto em linhas retas... porque tem duas cabeças, sendo que uma é instintiva e a outra é emotiva; uma é movida por suas necessidades e outra é movida por seus interesses." (Rubens Saraceni, *O Livro de Exu,* Madras Editora).

O cetro simbólico de Exu é fálico e mostra que a sexualidade é um dos seus campos naturais de atuação. Por isso, ele lida naturalmente com a energia kundalini, que nos capacita com faculdades mentais superiores e condições de sustentarmos operações abrangentes e sutis.

---

*N.E.: Sugerimos a leitura de *Conspiração Secreta – Os Sagrados Rituais da Alquimia*, de Hania Czajkowski, Madras Editora.

A FLUIDA ERRÂNCIA EXUÍSTA

Assim como os mestres Zen são errantes e percorrem os caminhos, Exu, estimulado pelo fator desejo de Pombogira, como o Hermes grego, personifica o eterno movimento mercurial, regendo todo tipo de progressão e desenvolvimento.

Deu meia-noite
o galo
já cantou...

Ponto de Exu

anunciando a alba
na mão da noite
uma tocha

Bashô

O NÃO-DUALISMO

O pensamento Zen em sua amplidão é jogado muito além dos restritos tabuleiros da dualidade do bem e do mal. Por meio do conceito de ilimitação, o pensamento Zen é errante, livre da dualidade e das enclausuradas categorias cartesianas da lógica.

Nem céu nem terra
apenas a neve
incessante

Hashin

O mistério Exu é um Trono Neutro, regido no alto pela Luz e embaixo pelas trevas. Exu não é bom nem mau; é apenas neutro. Os Exus atuam tanto paralisando quanto estimulando, tanto adentram o mental como o emocional dos espíritos humanos, tanto suprem carências quanto esgotam excessos, tanto atuam no campo positivo como no negativo.

"Exu é instrumento da lei, cujo Trono teve sua vertente espiritualizada voltada para a dimensão humana." (Rubens Saraceni, *As Sete Linhas de Umbanda,* Madras Editora.)

EXU – NÔMADE DO ESPAÇO E DO TEMPO

Exu é antes de tudo um errante. Sua tronqueira é colocada sempre do lado de fora dos templos, pois além de Guardião dos Portais, recusa-se a ser enquadrado e aprisionado por quatro paredes.

A fluida errância de Exu não se dá unicamente no espaço. Exu é acima de tudo um nômade do tempo e tem a capacidade de antever precisa e cristalinamente o futuro. A mitologia iorubá nos conta que ele teria recebido esse dom do Orixá Ifá.

A fala de Exu é totalmente Zen, repleta de metáforas, parábolas, armadilhas linguísticas e intrincados jogos de palavras.

Comigo ninguém pode
mas eu pode com tudo,
na encruza quem é "eu"?
Eu é Exu Veludo.

Dp

Neste ponto, o incauto pode achar que há erros de concordância, mas Exu Veludo utilizou, com maestria e sofisticação, o pronome substantivado.

Exu costuma também dar respostas enigmáticas, que seguem uma lógica não-linear análoga aos koans Zen.

Diálogo entre um quiumba e um Exu de Lei:

– Você é bem pago?
Exu:– Sou.
– O que lhe pagam?
Exu: – Nada.

Humor

Perguntaram ao mestre Gonsho:

– O que é o Satori?
– Antes chorava, agora rio, ele respondeu.

Quem ri na encruza é rei,
quem brilha no céu é a Lua,
Exu Gargalhada baixou nesta banda,
dando suas gargalhadas,
saravando sua rua.

Dp

O céu ri e o inferno também, imersos no Dharma; a Lei Maior revela-se na afirmação da luz intensa e transcendental. Um dos traços mais fortes de união entre a Umbanda e o Zen é o humor. Os mestres Zen, como os baianos, os boiadeiros e, principalmente, os Erês, estão sempre brincando e rindo, concebendo a força divina como algo que sorri e descontrai o ser humano.

A esquerda costuma entrever a humanidade como uma infindável comédia (mesmo que seja tragicômica). Nada mais contundente, visceral e profundo que a gargalhada de Exu.

Mas é necessário frisar que tanto o céu quanto o inferno detestam a falsidade. A direita é condescendente, mas a esquerda é implacável. Guardião dos Portais do Dharma, cumpre ferreamente a Lei Maior.

EXU – TRICKSTER CÓSMICO

A esquerda conhece tudo o que a direita sabe, só que se aprofunda mais. Exu é o verdadeiro *trickster* cósmico; joga com a situação, decodificando as configurações preestabelecidas e aceitas como normas. Como elemento dinâmico, móvel e mutável, desestabiliza os padrões lógicos estáticos, criando soluções inusitadas. O *insight* Zen consiste justamente em criar, frente a certos impasses, saídas originais e inusitadas; é, antes de tudo, a assimetria, o não esperado, o não redundante.

Diálogo entre um morto e um Exu:
– Eu estou morto?
– Não!!! Você jogou seus miolos para todo lado e lhe deram um corpo novo! Há, há, há!!!

Palavras do Exu Pedra Negra:
–Tu és só um quiumba, não conheces nada da Luz.
–O "Coroado" não dá asa à cobra.

IKEBANA NO CONGÁ

*de que flor
não sei
mas que perfume!*

Bashô

*... quando ela chega
ilumina o congá
e traz flores de Aruanda
pra seus filhos perfumar.*

Ponto de Mãe Oxum
Mãe Lurdes

*imanta o fulgor
da rosa amarela
a fonte amarela*

Ransetsu

Nada mais sublime e divino do que flores adornando os congás dos templos umbandistas. O despojamento de tudo o que é supérfluo tornará esses altares verdadeiras obras de arte, cuja simplicidade muito agradará aos guias e elevará nossos espíritos.

As flores são muito importantes em sua ornamentação, e a arte floral *ikebana* muito poderá nos ajudar nesse sentido. Imaginem quão solene pode ser a singela imagem de um *ikebana* feito com flores brancas para decorar o congá numa festa de Iemanjá ou de outra divindade.

> *festa de Yemanjá*
> *flores brancas*
> *na branca espuma*
>
> Marsicano

Como o verdadeiro umbandista que venera a divindade manifestada nas matas de Oxóssi e nas folhas sagradas de Obá, os japoneses sempre tiveram um forte apreço pela natureza. Não se contentando em apenas retratá-la em belíssimos quadros pintados com nanquim, esse povo criou uma arte que, em vez de tintas e pincéis, utiliza os próprios ramos e flores.

PONTOS CANTADOS E HAIKAIS

O poema curto *haikai* deriva do clássico *tanka*, poema japonês de 31 sílabas, dividido em duas estrofes. A primeira com três versos de cinco, sete e cinco sílabas, e a segunda com dois versos de sete sílabas.

Assim como os *haikais*, os pontos cantados de Umbanda são curtos, utilizam linguagem profunda e simbólica, revelando toda a amplitude da Lei Maior da Umbanda.

PONTOS HAIKAIS

Ó Lua que ilumina o céu
Clareia esse manto azul
Ó Lua que ilumina o mar
Clareia a areia de Papai Ogum...

Ponto de Pai Ogum Beira-Mar – Mãe Lurdes

A Lua branca
brilhava divinamente pura
sobre a areia branca de Yodori

Bashô

Cosme e Damião remavam a canoa,
enquanto Doum ficava sentado na proa.
O mar bramia, o mar se enfurecia,
e Oxalá as crianças protegia.

Ponto de crianças
Dp

Há dentro de mim
Um pequeno monge rindo
Com as vestes ao vento
Bashô

Cachoeira da mata virgem
Onde mora meu Pai Xangô,
Pedra rolou, pedra rolou,
Pedra rolou, saravá, Pai Xangô.
Dp

Lá vem Mãe Cambinda,
trazendo mensagem divina,
do negro infinito
que Nosso Senhor ilumina.
Dp

Que casa é aquela
que tem o portão azul
é o reinado encantado
do Caboclo Indaiaçu.
Dp

Tambor, tambor,
vai buscar
quem mora longe.
Ponto de Chamada de Caboclos
Dp

Estava na beira do rio
sem saber atravessar,
chamei pelo Caboclo,
para me ajudar.
Dp

Como é bonita a pisada dos Caboclos,
pisando na areia, no rastro dos outros.
Salve a Mãe Sereia, salve Iemanjá,
Salve os Caboclos da beira do mar.
Dp

O menino que contempla
as flores que caem
é um Buda
Bashô

Límpida cachoeira
a Lua de verão
reluz sua alvura
Bashô

Fogos de artifício terminaram
foram-se os espectadores
ah! O vasto espaço!
Shiki

Se oculta
no azul
a cotovia
Rykuto

Bem-vindos
flocos de neve
Da terra pura
Issa

Para alcançar Matsushima
tome as asas do grou
pequeno cuco cantor
Sora

Passa a tocha
Meninos se adestram
na arte do Nô
Bashô

*Surgiu um arco-íris
lá no céu
E também lá no pé
da cachoeira!*

        Mãe Lurdes

*Imóvel
na cachoeira
o arco-íris*

        Bashô

HINDUÍSMO E UMBANDA

*A Índia paira misteriosamente
sobre o Brasil*

Marsicano

Existe uma misteriosa relação entre a Umbanda e o Hinduísmo, ainda pouco mapeada. Os Orixás, como os deuses indianos, são alegres e irradiam felicidade aos homens.

Shiva é a divindade da fecundidade e da dança cósmica; representa a energia do Universo, pulsando uma eterna coreografia musical.

Podemos encontrar grande semelhança e até mesmo identidade entre os pontos riscados da Umbanda e a ciência do yantra indiano, como também entre os mudras e a linguagem gestual dos Orixás e guias.

PONTOS RISCADOS E YANTRAS

A magia riscada ou escrita mágica divina é um mistério de Deus usado desde os primórdios da humanidade. Surgiu da necessidade de abrandar os fenômenos da natureza, de curar doenças com a manipulação mágica de pedras, minerais, ervas, raízes, sementes, etc. As entidades que se manifestam na Linha do Oriente conhecem milenarmente esses mágicos traçados.

OS PONTOS RISCADOS

Os pontos riscados sempre despertaram a curiosidade dos médiuns umbandistas, e muitos buscaram e buscam entender seus significados e funcionalidades. São mistérios, configurações sagradas que, por signos visuais como linhas, triângulos, círculos e outras representações, dirigem e movimentam a energia, plasmando-a nesses traçados.

Os guias de lei de Umbanda, desde suas primeiras manifestações, já riscavam seus pontos de "firmeza" de trabalhos, de descarrego, de identificação da sua "linha", etc. Esses guias dominam a ciência dos pontos riscados e riscavam, riscam e riscarão flechas, espadas, machados, luas, cruzes, sóis, triângulos, etc., em seus pontos. Esses signos e símbolos mágicos são parte de uma escrita mágica vastíssima, são verdadeiros "logotipos" que identificam as entidades e suas respectivas linhas. São símbolos mágicos, cujos significados dependem da posição dos signos.

O **Sol** é usado simbolicamente para representar Pai Oxalá, irradiando o tempo todo em todas as direções e níveis vibratórios.

A **espiral** representa Oiá – o tempo, onde tudo acontece.

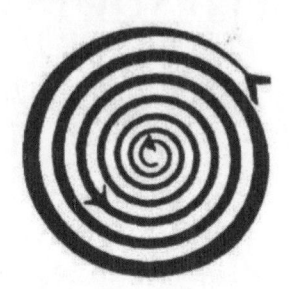

O **coração** é o símbolo de mamãe Oxum, a mãe do amor.

O **arco-íris**, com suas sete cores, é utilizado para representar Pai Oxumaré, pois são as cores dos sete sentidos da vida: fé, amor, conhecimento, justiça, ordem, evolução e geração. Representam também as energias que vibramos por meio dos sentimentos.

As **sete flechas** representam Pai Oxóssi, que expande, irradia e impele os seres. As setas são as buscas contínuas do ser.

A representação de Mãe Obá é a **folha** vegetal, na qual a fotossíntese acontece. Mãe Obá concentra, transforma, vitaliza e assenta os seres.

Os **raios** representam Xangô e Egunitá. O raio é o fogo que vem do alto. O **machado** e a **balança** simbolizam Pai Xangô, a justiça divina.

Egunitá (Kali Yê) é o polo negativo que esgota o fogo interior que anima as emoções e desequilibra a razão. Por isso seus eguns são gelados.

A **espada** é a Lei armada, é símbolo de Ogum, pois é necessária para impor a ordem, quando a palavra não é mais suficiente.

Iansã tem por símbolo, além de outros, o raio espiralado.

As **sete cruzes** significam as sete passagens e representam Pai Obaluaiê, o senhor das passagens.

A **meia lua** é o simbolismo de Mãe Nanã. É a Lua minguante, mas também é a forma de um receptáculo ou lago, onde os seres viciados serão decantados em seu lodo consciencial.

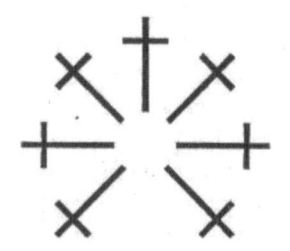

A **estrela do mar**, estrela da geração, estrela da vida que ilumina os sentimentos maternais, é símbolo de Mãe Iemanjá

O **alfange** representa Pai Omolu. Seu magnetismo atrai os seres desvirtuados e estéreis, pois não criam mais nada. É hora de serem secados, esterilizados, reduzidos a pó e espalhados nas águas de Iemanjá, para serem umidificados, fertilizados e renascerem para uma nova vida.

YANTRAS – CONFIGURAÇÕES SAGRADAS

Existem inumeráveis formas de Yantra. Cada forma, cada folha, cada flor é um Yantra que, em sua textura, cor e perfume, revela-nos a história da criação.

Devaraja Vidya Vacaspati

Yantras, na Índia, ou mandalas, no Tibete, são desenhos geométricos, imagens sagradas, portais para os mundos de luz, meios conscientes de comunicação entre o homem e o Poder Superior. Como o *eidos* platônico, configurações divinas e perfeitas, expressão solene e cristalina do mundo das ideias, a ciência do yantra plasma em clariperfeitas disposições geométricas a energia cósmica.

A palavra mandala, do sânscrito, significa círculo ou círculo mágico. É uma representação geométrica na qual são utilizados simbolismos; ela busca abrigar forças da natureza e pode ser desenhada em forma de círculo, quadrado, retângulo, etc. A principal característica é que seu traçado é feito em torno de um centro, geralmente obedecendo a pontos cardeais e eixos de simetria.

A ciência do yantra, que, segundo a mitologia, teria sido revelada ao homem por Sarasvati, deusa do conhecimento, da música e das artes pláticas, consiste numa série de figuras geométricas que, em sua forma sintética, representam as energias cósmicas. Cada yantra também pode simbolizar uma divindade.

Assim como os pontos riscados e cantados da Umbanda, os yantras são os equivalentes visuais dos mantras musicais. Seus diagramas mágicos evocam as entidades divinas, forças criativas do Universo. Essas configurações mágicas detêm um imenso poder. O segredo do yantra é uma das mais bem guardadas e secretas formas do ensinamento esotérico indiano. Seus símbolos são verdadeiras chaves vibracionais que ativam forças superiores; são portais de acesso a outras dimensões.

Um yantra ou mandala é sempre um desenho sagrado que movimenta forças poderosas em seu interior, energias que regeneram, equilibram e ativam. As mandalas foram utilizadas nos misteriosos calendários maias. Nos monastérios tibetanos, dão suporte à meditação; no ioguismo tântrico,* são instrumentos de contemplação.

As mandalas ou yantras são desenhos sagrados capazes de religar a alma com Deus. Esse cosmograma funciona como portal para o centro de nossa consciência. É uma imagem transcultural que existe tanto na natureza, na estrutura das flores, das sementes, das conchas do mar, dos favos de mel, dos flocos de neve, etc., quanto na psique humana, sendo utilizada com finalidades terapêuticas. É um vórtice ou símbolo com a dupla função de irradiar e absorver energias, que tanto podem estar se irradiando do seu centro como refluindo para ele.

ELEMENTOS CONSTITUINTES DO YANTRA

O Ponto (Bindu) – Todo movimento, toda forma, é constituído por pontos. O ponto é a semente (Bindu). Toda manifestação inicia-se mediante um ponto determinado, no tempo e no espaço. O ponto pode ser definido como limite da manifestação.

A Linha Reta – Quando o ponto se movimenta independentemente de qualquer força de atração, constitui uma linha reta. A linha reta representa o princípio de todo o desenvolvimento.

O Triângulo – O desenvolvimento ascendente é representado por uma ponta de flecha ou uma língua de fogo. O triângulo com o vértice para cima representa o fogo, identificado ao princípio masculino, o linga ou falo.

O triângulo com o vértice para baixo é associado ao elemento água, que tende sempre a escorrer para baixo. É o aspecto passivo da criação e é representado pela Yoni, o orgão sexual feminino, o símbolo da Energia (Shakti). Outros símbolos associados à água são o crescente lunar e a onda.

O Círculo – O círculo representa antes de tudo o tempo. Fundamenta a noção de Kalpa, imensos ciclos de milhões de anos existentes na mitologia indiana, a órbita dos planetas, os ciclos vitais e o conceito de chakra (roda), centros energéticos do corpo humano. Simboliza o eterno retorno e os ritmos circulares que tornam possível a existência. Constitui o princípio do samsara, a roda das encarnações.

---

*N.E.: Sugerimos a leitura de *A Visão Tântrica,* de Osho, Madras Editora.

O Hexágono – É uma das formas geométricas mais utilizadas nos yantras. É constituído de dois triângulos, um penetrando no outro.

O triângulo apontado para cima representa o fogo e o Ser Cósmico (Purusha) e o apontado para baixo, a água e a Natureza Cósmica (Prakrti). Quando os dois triângulos se unem num estado de equilíbrio, o hexágono simboliza o caráter mutável do Universo. O círculo que envolve o hexágono representa o campo onde os triângulos se unem: o campo do tempo. Quando os dois triângulos se separam, o Universo é destruído, e o tempo cessa de existir. Isto é simbolizado pelo tambor de Shiva.

O Quadrado – O quadrado representa a ordem, a estabilidade cósmica, sendo associado ao elemento terra.

O Pentágono – O pentágono é associado a Shiva, a fonte das energias vitais. Aparece em todos os principais yantras dotados de poder mágico.

A Cruz – Quando o ponto se desenvolve no espaço, expande-se nas quatro direções. A cruz revela tanto esta expansão espacial do ponto quanto a redução do espaço à unidade original. Simboliza a união entre o princípio masculino vertical e o feminino horizontal.

O Lótus – Os códigos numéricos que representam as divindades figuram nos yantras plasmados nas pétalas do lótus, que geralmente envolvem várias formas geométricas.

YANTRAS E MANDALAS UMBANDISTAS

A título de ilustração, apresentamos alguns yantras indianos e algumas mandalas umbandistas associadas aos Orixás, sem estabelecermos relações entre elas, mas apenas para observarmos a funcionalidade concentradora, a simetria e a beleza das formas de ambas.

O REI DOS YANTRAS (YANTRA-RAJA)

As oito pétalas de lótus representam a preservação do Universo, ou seja, Vishnu. O círculo exterior representa a criação e o movimento circular de onde todas as coisas provêm. O círculo exterior é circundado por um quadrado que simboliza a terra. Os quatro portais que conduzem às quatro direções formam uma cruz, o símbolo da universalidade.

Yantra-Raja

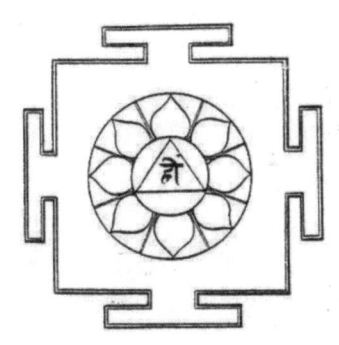

Mandala de Oiá-Tempo
(Trono Feminino da Fé)

O YANTRA DA LIBERTAÇÃO (MUKTI)

Compõe-se de um triângulo de fogo, um triângulo de água, um hexágono e um círculo. O conjunto é envolvido por um octogono e um quadrado de quatro portais. No centro, está grafado a Semente da Ilusão.

Mukti

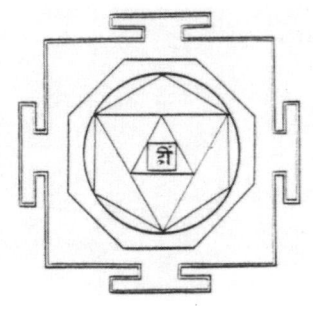

Mandala de Ogum
(Trono Masculino da Lei)

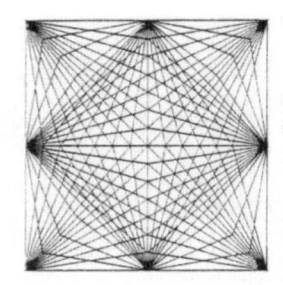

O YANTRA SRI CHAKRA

O Yantra Sri Chakra ou Roda da Fortuna é um dos principais Yantras para evocação de deidades.

Sri Chakra **Mandala de Xangô**
(Trono Masculino da Justiça)

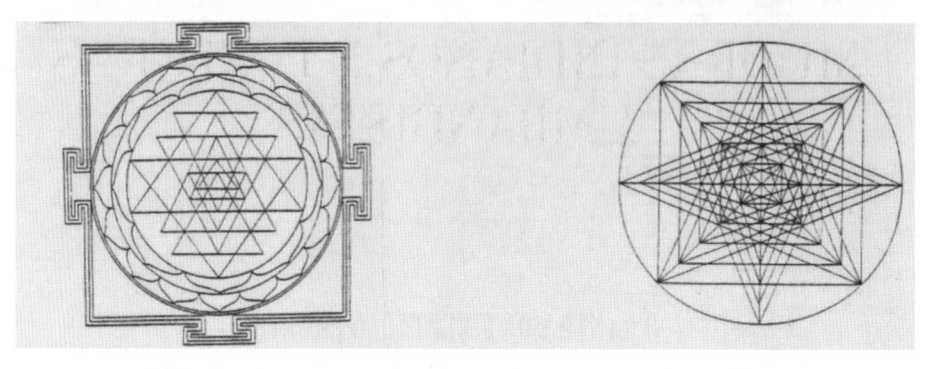

O VISHNU YANTRA

O Vishnu Yantra expressa a preservação do Sattva, a força ascendente da natureza.

Vishnu Yantra **Mandala de Obá**
(Trono Feminino do Conhecimento)

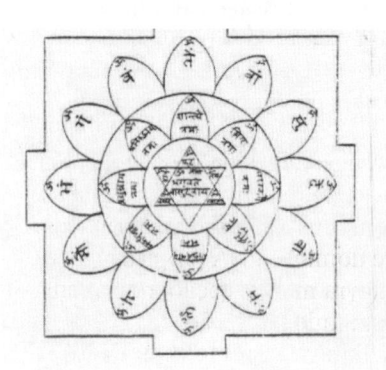

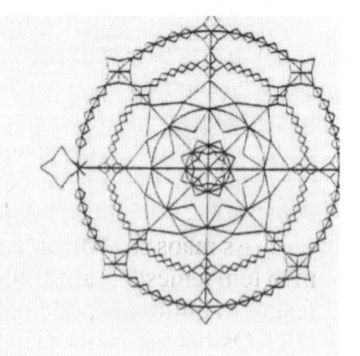

MUDRAS INDIANOS E POSTURAS UMBANDISTAS

*O dedo do sábio
segura o mundo.*

Provérbio hindu

    A linguagem gestual é parte integrante e fundamental para entendermos as religiões orientais. As posturas (ásanas) têm a finalidade de fortalecer a disciplina física e mental e preparar para a continuidade das práticas e de outras posturas.
    Os sinais com os dedos, com as mãos ou com os braços, em todas as épocas, são recursos de expressão psíquica (mente, espírito, alma) e espiritual.
    Os mudras são posturas feitas com as mãos, milenarmente conhecidas na Índia, e utilizadas posteriormente pelo Budismo. Seu princípio é a configuração sagrada da energia obtida por meio do posicionamento das linhas de força emanadas pelos dedos.
    Mudra, em sânscrito, significa "sinete", timbre magnético. Os mudras abrem portais, permitindo a canalização da energia sutil e sagrada para o plano material. Correntes de prana irradiam-se dos dedos e, pelos mudras, são direcionadas e harmonizadas.
    No Tantrismo, os mudras conectam seu praticante ao mundo divino, e, por meio deles, as divindades são evocadas e representadas. Divindades indianas, como Shiva, Krishna, Durga e outras, possuem seus mudras característicos.
    As mãos simbolizam atividade, poder e dominação. A própria palavra mão tem a mesma raiz etimológica que a palavra manifestação, pois manifesta-se aquilo que pode ser alcançado ou segurado pela mão.
    Os braços simbolizam poder e força. Temos o exemplo de diversas divindades hindus que exprimem sua onipotência, representadas com mais de dois braços.

LINGUAGEM GESTUAL UMBANDISTA

Na Umbanda, os Orixás e os guias, ao incorporar, exprimem posturas gestuais características. Tais posturas não apenas expressam suas respectivas linhas de trabalho como também têm forte significado magístico. Encontramos algumas dessas posturas utilizadas também na tradição oriental.

Alguns mudras-posturas umbandistas:

O mudra indiano da promessa de proteção, associado a Pai Oxalá.

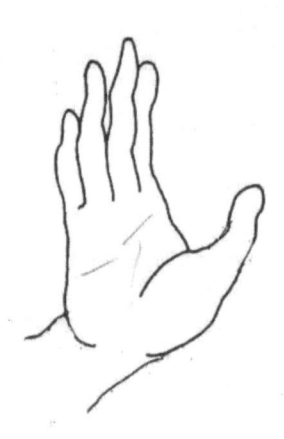

O mudra indiano da ordem, característico de Pai Ogum.

O mudra indiano dos braços cruzados, postura típica de Pai Xangô. Braços cruzados sobre o peito expressam a mais profunda entrega religiosa.

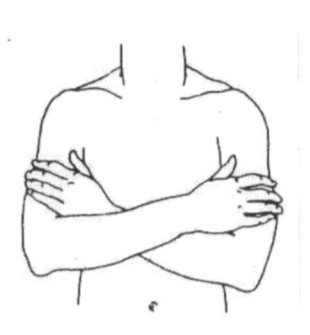

O mudra indiano do punho fechado, que também caracteriza uma postura de Pai Xangô, significa constância, firmeza, coragem, energia, desejo de luta. Pai Xangô, em suas mãos fechadas, como sinal de poder e força divina, empunha os machados que o auxiliam a aniquilar a ignorância e o desequilíbrio, quebrando os grilhões que aprisionam o ser humano.

O mudra indiano da meia-lua com fogo: mudra associado à mãe Egunitá (Kali-yê). Na incorporação, mãe Egunitá segura uma bola de fogo em cada mão.

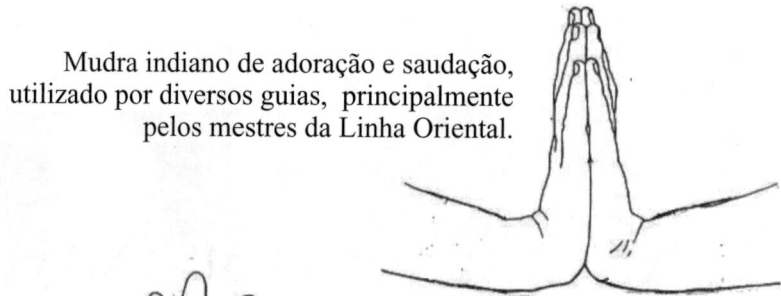

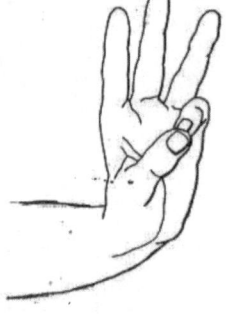

Mudra indiano de adoração e saudação, utilizado por diversos guias, principalmente pelos mestres da Linha Oriental.

Este mudra indiano é utilizado pelos ciganos como símbolo supremo da vida.

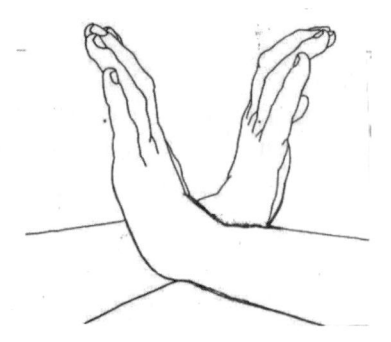

Nagabandha – o laço das serpentes. Gesto das cabeças de cobras característico de Pai Oxumaré.

TANTRA

Tantra é um termo usado para o sistema filosófico religioso do Tantrismo, para cujos adeptos o Universo é constituído por duas forças: Shiva e Shakti, que personificam as energias masculina e feminina.

Essa noção aproxima-se da doutrina Samkhya, que pressupõe a força por meio da polarização dos opostos. Segundo o Tantrismo, nada no Universo é visto de maneira separada ou discordante. O Cosmos é pensado como união de opostos.

Considerando essa conceituação, a Umbanda é uma religião essencialmente tântrica, pois integra o alto e o embaixo, a frente e o atrás, a direita e a esquerda, e nessa relação reside a sua força.

XAMANISMO E UMBANDA

Pajé é aquele que enxerga longe.
Sapaim

A TRANSMISSÃO DO PODER

No Xamanismo indígena, o pajé, por meio de uma série de práticas, provas e rituais, leva o iniciado a experimentar um novo estado de percepção da realidade. Não apenas passa seu conhecimento como também seu poder. A consciência do neófito e seus quadros conceituais mudam radicalmente. Seu olhar muda. Aqui, isso ocorre como ruptura repentina.

Na Umbanda, que incorpora em seus conhecimentos as práticas xamânicas, ocorre algo semelhante, mas num processo gradual. As profundas qualidades dos guias vão aos poucos sendo transmitidas ao médium, durante os anos de desenvolvimento e iniciação, como a sabedoria dos Pretos-Velhos, a força dos Caboclos e a pureza das Crianças.

INICIAÇÃO NO XINGU

Tive a honra de conhecer, conviver e me tornar muito amigo de Sapaim, o mais famoso pajé brasileiro. Essa verdadeira lenda viva entre nossos pajés contou-me certa vez que, no Xingu, o caminho iniciático é muito árduo e cheio de provações. Muitos não aguentam e abandonam às primeiras provas.

Certo dia, quando o pajé caminhava tranquilo pela mata, repentinamente surgiram à sua frente três panteras negras. Poderiam tê-lo estraçalhado num instante, mas Sapaim, fixando nelas seu profundo e penetrante olhar, as deteve com seu poder mental.

Sentou-se então em lótus e, imóvel, permaneceu nessa postura, sem tirar, nem por um instante, os olhos das três panteras que, sentadas, também o encaravam fixamente.

A situação se prolongou por mais de 12 horas, e Sapaim, num perfeito lótus Zen, em pleno Baixo Xingu, não movia um só dedo ou piscava. Como por encanto, as três panteras negras partiram num relance, cada uma para um lado. Sapaim, revelando-se um grande pajé "que enxerga longe", cumprira mais uma dificílima prova em sua iniciação.

Alberto Marsicano

ARTE PLUMÁRIA

A milenar arte plumária dos índios brasileiros fundamenta-se no mesmo princípio do *ikebana*, pois utiliza em suas exuberantes composições elementos retirados da própria natureza. Só que, em vez de flores, a magistral arte plumária brasileira utiliza as penas coloridas dos pássaros. O artista xamã manipula o *design* divino e, como um demiurgo, o reorganiza com sua grande sensibilidade, conhecimento e poder mágico. E os cocares, verdadeiras mandalas multicores, são a mais sublime representação da aura luminosa dos nossos Caboclos.

Moça bonita é a Cabocla Jurema
Ela tem... ela tem seu diadema
Na aldeia... ôôô.
Na aldeia onde ela é rainha
Tem seta de ouro e saiote de pena.

É como um girassol, a coroa dela
é como um girassol
É a luz do amanhecer,
sonho lindo de arrebol
A coroa da Jurema.

Dp

Os caboclos da tribo do arco-íris,
que irradiam sete luzes no cocar,
esses caboclos que vêm lá de Aruanda,
vão chegar pra trabalhar
no terreiro de Umbanda.

Pisa, caboclo, pisa aqui, pisa ligeiro,
vem trazer seu arco-íris, pra brilhar neste terreiro.

Mãe Lurdes

Xamanismo e Umbanda   153

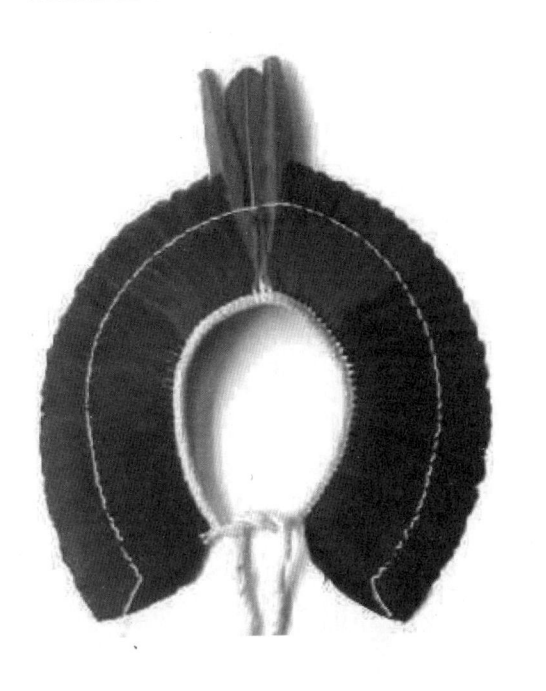

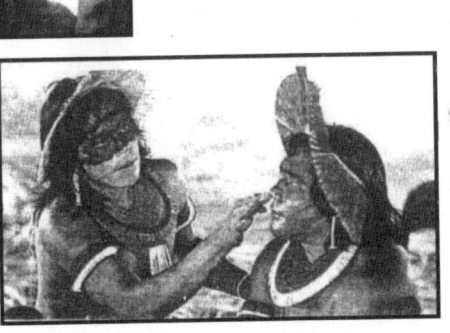

A UMBANDA NO ORIENTE

*Flores à Oxum
entre reflexos solares
nas águas do Ganges*

Marsicano

O PRIMEIRO TEMPLO DE UMBANDA DA ÍNDIA

Varanasi, fundada há mais de 5 mil anos, é provavelmente a cidade mais antiga do mundo. Por suas tortuosas ruelas de terra, repletas de vacas, cabras, macacos, bicicletas, riquixás, motos e automóveis, passaram na Antiguidade os nômades arianos, as tribos dravídicas e hordas de invasores gregos, turcos, persas e mongóis. Varanasi representa a essência do ecumenismo hinduísta, recebendo carinhosamente uma miríade de religiões e seitas. Em Varanasi, podemos encontrar santuários tântricos ao lado de templos muçulmanos, budistas, zen-budistas, cristãos, jainistas, judaicos, taoístas, zoroastristas, etc.

Como a Umbanda e o Budismo, o Hinduísmo também aceita todas as religiões. A Índia, embora tenha sido várias vezes invadida, jamais em sua milenar história invadiu outro povo. Não pertence ao caráter do Hinduísmo o pensamento autocêntrico de apenas ele possuir a verdade. Além disso, é importante frisar que os indianos nem ao menos denominam sua religião; o termo Hinduísmo foi criado pelos ocidentais.

Tive o privilégio de fundar, juntamente com duas orientalistas cariocas, o primeiro templo de Umbanda da Índia. Numa pequena choupana às margens do Ganges, com as encantadoras Samadhi e Verena (iniciadas na Umbanda), instalamos um pequeno congá e fizemos as firmezas. Após uma oferenda de flores à Oxum, que maravilhosamente flutuaram no sagrado Ganges à luz dourada do Sol da manhã, iniciamos a cerimônia. Verena recebeu um caboclo que cruzou o congá com a pemba e saudou solenemente os curiosos indianos que ali se encontravam.

Alberto Marsicano

A LUZ DO ORIENTE NOS TEMPLOS DE UMBANDA

> Tranquilo
> na suave morada
> do cristalino ar.
>
> Bashô

O TERREIRO DA CABOCLA INDAIÁ

A profunda paz espiritual dos templos do Oriente pode ser encontrada nos Centros de Umbanda. Muitas vezes, singelos e simples, guardam uma iconografia belíssima. Lembro-me quando visitei um pequeno terreiro que não passava de uma casinha de sapé à beira de uma praia afastada do litoral paulista, junto a um vilarejo de pescadores.

Entre coqueirais, na porta rústica de madeira, estava solenemente grafado o ponto da Cabocla Indaiá. No pequeno congá, distinguiam-se algumas estrelas-do-mar, artisticamente dispostas, algumas imagens de Iemanjá e de Caboclos. Como iluminação, apenas sete velas brancas. Seu despojamento lembrou-me os templos Zen, da Ilha de Matsushima, no Japão.

Essa estética, em que todo o supérfluo é retirado e apenas o essencial permanece, é de extremo refinamento e revela a mais pura essência do Zen. Ao forte som das ondas do mar que quebravam fortemente nos rochedos, presenciei a belíssima gira de Caboclos. Uma aura de profundo sortilégio envolvia o local, e ao sair, abençoado por aquela sutil vibração, contemplei longamente o firmamento constelado.

Alberto Marsicano

"O Zen é como a chuva, que propicia o crescimento de cada semente na sua própria forma; sem ela, a planta secaria. O Zen é a terra que abriga todas as fontes da vida, em que cada qual deve mergulhar suas raízes novamente, se é que deseja encontrar o caminho que leva à descoberta de si mesmo, de modo a renovar-se. O Zen é o ar que todo ser humano respira e sem o qual, em última análise, a vida humana sufocaria."

Karlfried Graf Dürckheim, *O Zen e Nós,* Editora Pensamento
Para o umbandista, somos parte do corpo de Deus. Isso é Zen.

A Umbanda é uma religião de retorno à simplicidade em cultuar nosso Divino Pai. Isso é Zen.

A singeleza e a simplicidade dos templos umbandistas também são Zen, quando purificam todos os excessos.

"Filhos, a Umbanda é uma religião mediúnica e, como tal, dispensa templos suntuosos, pois onde houver um médium lá estará um dos seus 'templos vivos', pelo qual a religião fluirá em todo o seu esplendor."[20] Isso é Zen.

---

20. Rubens Saraceni, *Orixás – Teogonia de Umbanda,* Madras Editora.

UM TRABALHO NA LINHA DO ORIENTE

Era uma tarde ensolarada, quando um grupo de médiuns do Templo de Umbanda Sagrada Sete Luzes Divinas se reuniu para realizar um trabalho na Linha do Oriente. Uma energia muito elevada, solene e forte envolvia o local.

Os médiuns prepararam-se intensivamente para a cerimônia, conforme orientações superiores: banhos com determinadas ervas perfumadas, limpeza corporal, abstinência de sexo, carne, bebidas alcoólicas e fumo e manutenção de pensamentos elevados.

No templo, dispunham-se sobre uma mesa em frente ao altar todos os elementos solicitados para o trabalho: ervas, flores, velas brancas, verde-claras e amarelas, pembas consagradas, toalhas brancas, azeite consagrado, cristais, bastão atlante,[21] águas de mar, cachoeira, chuva, fonte, gaze, esparadrapo, garrafada de ervas, álcool, alfazema, etc. Fora solicitada também a colocação de lâmpadas verde e lilás. Os médiuns trajavam roupas brancas e práticas, e todos tiveram suas mãos desimpregnadas com o líquido da garrafada.

O trabalho foi conduzido de forma normal, com os cantos de abertura, defumação, saudação a Oxalá, às Sete Linhas e à esquerda. A firmeza do trabalho foi feita na força de Pai Xangô, e a sustentação, na força de Mamãe Oxum.

A seguir, a curimba entoou os pontos da Linha do Oriente, e manifestou-se Pai José de Arimateia, que assumiu o comando do trabalho de cura. Essa entidade anteriormente se identificara como mestre da Mãe Oxum.

Pai José de Arimateia chamou para a incorporação os demais médicos, curadores, sábios e xamãs para participar do trabalho. Pediu que fosse colocada a maca, com a criança que seria atendida, na frente do congá e do altar.

---

21. O bastão atlante é um instrumento radiestésico que consiste em um tubo de cobre revestido com algum isolante, com ponta de cristal em um lado e tampa no outro. O tubo funciona como acumulador de energias, e o cristal, como transdutor, que emite energias direcionadas pelo operador.

Um silêncio solene e uma energia muito elevada envolviam todos. Os médiuns, incorporados e em pé, posicionaram-se ao redor da maca. Nesse momento, pontificado de suavidade, percebiam a vibração e a influência dos mestres do Oriente na singeleza dessa deslumbrante magia de essências e cores.

Pai José de Arimateia acercou-se da maca, empunhando o bastão atlante que utilizou, com maestria, como anestésico e bisturi, numa cirurgia espiritual. A criança adormeceu, e, a partir de então, Pai José deixou que cada entidade realizasse sua parte no trabalho e deu sustentação a todos, na cabeceira da maca.

A entidade dirigente da cirurgia espiritual passou algumas orientações finais, e o trabalho foi encerrado normalmente.

As entidades que se apresentam na Linha do Oriente são mestres, espíritos de grande conhecimento e elevação, discretos, simples, de poucas palavras e estimulam nos médiuns o caminho da ascensão espiritual.

Cada vez que, no Templo de Umbanda Sagrada Sete Luzes Divinas, termina um trabalho realizado com essa linha, sinto meu peito imensamente preenchido com uma energia maravilhosa, de amor, humildade, calma e serenidade, semeada em meu coração. Ao mesmo tempo em que esse sentimento é de plenitude, realização e felicidade, choro muito, pois tenho a nítida clareza de que sou um ser muito aquém da magnitude daqueles seres, de seus sentimentos e vibrações. Durante vários dias, fico extremamente sensível, com o chakra cardíaco expandido, buscando silêncio e sem vontade de falar. Parece que tudo se torna sagrado: os momentos, as ações, os semelhantes, o mundo.

Tenho observado que esse "rastro de luz", que me inunda por dentro, transmuta meu emocional me incitando pelos caminhos da Luz Divina e desperta, de maneira rápida e natural, meu amadurecimento espiritual. A relação com meus irmãos se torna muito mais intensa e espontânea.

Digo que esse é um ensinamento direto, de coração para coração, que transcende a palavra, o mundo cotidiano, alcança um plano mais elevado de consciência e me dá vontade de compartilhar tais energias e experiências.

Assim como todo Orixá é um bem divino legado à humanidade e digno de culto, respeito e reverência, também o são os mestres da Linha do Oriente, muitos dos quais já conquistaram graus semelhantes aos dos Orixás intermediários.

Mãe Lurdes

Os mestres do Oriente são muito discretos em sua forma de apresentação e de trabalho e extremamente amorosos. Intuem seus médiuns e transmitem mensagens de entidades hierarquicamente superiores.

Eles não são guias de consulta, como os demais guias de Umbanda, pois são mentores de cura, atuam alinhando chakras, realizando cirurgias espirituais e similares. São práticos, falam pouco e procuram fazer com que os atendidos compreendam a importância de mudar as causas das enfermidades e a necessidade de seguirem rigorosamente os tratamentos indicados.

Quando encarnados, esses espíritos foram médicos, enfermeiros, religiosos, boticários ou exerceram atividades ligadas à cura das enfermidades físicas e espirituais. Muitos deles são versados nas ciências ocultas e esotéricas (Astrologia, Radiestesia, Quiromancia, Numerologia, Cartomancia e outras) e nos conhecimentos filosóficos.

Os ensinamentos dos mestres do Oriente dão margem a longas meditações, com suas frases curtas e significativas, e estimulam nos médiuns e nos consulentes o caminho da evolução espiritual, atuando no seu psicológico e no seu emocional.

Transmitem muita alegria, além de deixarem sempre uma reconfortante sensação em todos os participantes dos trabalhos.

UMBANDA – CRISOL ALQUÍMICO EM ETERNA ELABORAÇÃO

*Importante é o conhecimento de Deus.
O resto, são detalhes.*

Albert Einstein

A UMBANDA PENSADA COMO ALGO EM GÊNESE

Ao contrário do Candomblé* de Nação, em que a rica e belíssima tradição é intocável, preciosamente mantida geração após geração, a Umbanda é um crisol alquímico em eterna transmutação. Com o tempo, outras linhas e formas ritualísticas virão agregar-se às atuais, trazendo novos tipos de conhecimento.

Tomando como exemplo os pontos cantados, embora o fundamento seja sempre o mesmo, eles se adaptam à cultura regional onde são entoados. Na Umbanda nordestina, os pontos são cantados em ritmo de baião e maracatu; no Rio de Janeiro, em ritmo de samba; em São Paulo e no sul do Brasil, no ritmo céltico da catira, provindo do norte de Portugal.

Também em Cuba, vemos a Santeria e os Palos entoarem os cânticos aos Orixás no ritmo da rumba. Em Trinidad e Tobago, os pontos seguem o ritmo hipnótico da Socca (Soul of Caribbe).

O mesmo ocorre com os pontos riscados; aqui, são traçados com pemba; no Haiti, o Vodu exibe magníficos pontos denominados Veves, traçados com farinha de milho (como as mandalas de areia tibetanas), pois, na época colonial, eram facilmente varridos para despistar a perseguição religiosa. Exibem elegantes formas arredondadas cujos fundamentos evocam os Loas (Orixás) e Exus (Baron Samedi, Baron La Croix e outros).

---

*N.E.: Sugerimos a leitura de *Orixás na Umbanda e no Candomblé,* de Diamantino Fernandes Trindade, Ronaldo Antonio Linares e Wagner Veneziani Costa, Madras Editora.

Veves haitianos de Dambalá (Oxumaré)

As mandalas tibetanas também são pontos riscados, traçados com areia colorida. Cada uma delas evoca uma entidade e leva meses a ser delineada. Embora seja longo seu processo de feitura, leva minutos a ser varrida com grandes vassouras, operação que simboliza a impermanência do mundo material.

Os xamãs navajos americanos também riscam seus pontos com areia colorida.

Pensamos ser redutor o pensamento que vincula a Umbanda apenas aos cultos afro-brasileiros. A linha africana é apenas uma das egrégoras umbandistas. A Umbanda não é só afro-brasileira.

No decorrer desta obra, começamos a entrever até mesmo a importância da tradição céltica na formação da Umbanda, provinda dos curandeiros portugueses que para aqui vieram durante o período colonial, expulsos pela Inquisição. Nessa época, qualquer poder mediúnico era perseguido e condenado. A própria entidade que iniciou a Umbanda no Brasil, quando encarnada como jesuíta, foi um paranormal perseguido pela Inquisição.

Os curandeiros, denominados mestres nas aldeias portuguesas, trouxeram ao Brasil todo o universo mágico de sua milenar tradição. Gostaríamos de relembrar que a maioria dos Exus e das Pombagiras cultuados na Umbanda tem nomes portugueses.

No decorrer desta obra, chegamos à conclusão de que a Linha do Oriente não é, como muitos pensam, algo acessório e "alienígena", uma mera novidade exótica na Umbanda.

Demonstramos que, durante a Antiguidade, o Império Egípcio exerceu forte influência na cultura iorubá, que se alastrou aos reinos vizinhos do Congo, de Angola e de Dahomé, entre outros.

A Linha do Oriente, via Egito, constitui um dos fundamentos básicos, não apenas do Candomblé e do culto aos eguns, mas também da Umbanda.

Devemos sempre olhar e pensar os Templos de Umbanda transcendentalmente. Não podemos iludir-nos com a linearidade redutora da teoria da imigração, que afirma que as linhas orientais seriam fruto da influência dos imigrantes japoneses, libaneses e outros, que vieram para o Brasil no final do século XIX e início do século XX.

Essa transcendentalidade é fundamental para entendermos essa maravilhosa religião que, segundo Ramatis, será a grande religião do século XXI e, a partir do Brasil, alastrar-se-á para o mundo. É a sua capacidade sincrética que a faz única. Ao contrário do século XX, cujo nacionalismo nefasto gerou guerras e cisões, o século XXI inaugura um milênio de agregação, e esse caminho é irreversível. Em todas as partes do mundo, o plano espiritual reconhece e respeita a lei da Umbanda.

UMBANDA – CONJUNÇÃO DE EGRÉGORAS

> *Universalismo não é apenas a colcha confeccionada com os retalhos e doutrinas espiritualistas, mas o entendimento panorâmico dos costumes, temperamentos e sentimentos religiosos de todos os homens a convergir a um só objetivo espiritual.*
> Ramatis

A Umbanda, religião muito nova no plano material, ainda está construindo e tem de construir sua história. Nessa construção, temos encontrado barreiras, perseguições, preconceitos, discriminações e agressividade. Somos tachados de inferiores, ignorantes cultural e religiosamente, segregados e afrontados. Somos os excluídos religiosamente.

O genial conceito de ideologia dominante e ideologia dominada, criado por Marx, é fundamental para entendermos a posição da Umbanda em nossa sociedade atual.

Enquanto a religião católica sempre se constituiu no Brasil como parte integrante da ideologia dominante, a Umbanda – perseguida pela polícia até a década de 1960 –, cujos guias indígenas, negros, ciganos e nordestinos, entre outros, pertencem a setores marginalizados e discriminados da sociedade, deve ser pensada antes de tudo como cultura popular e ideologia dominada.

A ciência oficial, cuja grande parte de seus integrantes frequenta ou já visitou o terreiro de Umbanda, tende a desdenhar ou simplesmente desconsiderar "o imenso serviço prestado pela Umbanda e por seus guias espirituais, no arrefecimento do racismo e no desenvolvimento de uma verdadeira fraternidade humana, acima de raças, culturas, religiões e posição social.

No terreiro de Umbanda, os guias espirituais são chamados de pais e de mães, e os seus frequentadores são denominados filhos e, ali, sentem-se irmãos, todos filhos de um mesmo e único Deus! (...)

Em um século, a Umbanda silenciosamente já fez mais pela integração racial, cultural e religiosa brasileira do que a maioria dos ativistas nessas áreas.

Espírito de negro incorporando em um corpo de médium branco quebra a espinha dorsal do racismo e da intolerância.

Espírito de índio incorporando em brancos e em negros, todos médiuns umbandistas, funde as três raças "em espírito" e torna aceitável a união em casais e famílias de membros das três raças, dando origem a um novo tronco racial, a uma nova raça!

É importante salientarmos a forte influência dos espíritos de indígenas brasileiros na formação das linhas de Caboclos e a imensa colaboração dos negros e dos cultos de nação na formação das linhas de Pretos-Velhos, Exus, Erês, Pombagiras e Exu Mirim.*

Isso, logo no início da Umbanda, pois as linhas de Boiadeiros, Marinheiros, Baianos e Ciganos foram sendo incorporadas posteriormente.

Todas essas linhas prestam homenagem a classes de espíritos tenazes, aguerridos, perseverantes naquilo que faziam e acreditavam quando viveram no plano material." (Rubens Saraceni, *Os Arquétipos da Umbanda,* Madras Editora)

Lembremos também os espíritos que se manifestavam e se manifestam na Linha do Oriente, muitos dos quais nos remetem aos imigrantes que aqui no Brasil aportaram e realizaram e realizam seu trabalho. E todos eles, observem, fazem parte dos setores marginalizados, discriminados e até excluídos da sociedade brasileira.

Quando estudamos a Umbanda a partir das razões divinas e espirituais que levaram espíritos altamente evoluídos a se mostrar na forma plasmática de índios e de negros, tachados de "ignorantes" e atrasados, pelo colonizador branco, europeu e "superior", vemos que há uma lógica incrivelmente dialética no processo reencarnatório e evolutivo.

Espíritos de índios e de negros, escravizados e torturados pelos colonizadores (além de outros que – mesmo brancos – eram acusados de heresia e bruxaria, por terem cultos ligados às forças da natureza), incorporando em médiuns brancos, japoneses, negros e outros e ajudando a todos com uma disposição única, ensinaram e ensinam que espíritos não têm raça, classe, categoria social, cor ou religião. "Negros, índios, baianos, chineses, ciganos, doutores, profetas, sábios, iogues, santos celestiais e andarilhos dos umbrais, todos são o povo da Umbanda." (Ramatis, *A Missão da Umbanda,* Editora do Conhecimento)

Os alquimistas, tachados ontem de hereges, "hoje dão consulta para os doentes nos terreiros de Umbanda, num perfeito mecanismo de retorno, já que esses enfermos 'representam' todos aqueles que foram prejudicados pelos rituais de magia utilizados por esses poderosos magos do passado; e assim se resgata o equilíbrio com a lei e todos evoluem.

Sois colocados em situações que vos contrariaram intensamente no passado remoto, mas agora vos libertam dos ódios e sectarismos, preparando-vos para a convivência fraternal imposta pela Nova Era. Essas decorrências cármicas retificativas num contínuo tempo inexorável, determinado pelo

---

*N.E.: Sugerimos a leitura de *Orixá Exu Mirim,* de Rubens Saraceni, Madras Editora.

ciclo carnal, reencarnacionista, inquestionavelmente estão vos conduzindo a um novo psiquismo em que preponderará a amorosidade, o que não quer dizer opiniões igualitárias, mas convivência harmoniosa entre as diferenças, pois os pontos em comum serão mais abrangentes que os divergentes. A igualdade na diversidade está no amor. (Ramatis, *A Vida no Planeta Azul*, Editora do Conhecimento)

As atitudes preconceituosas e discriminatórias, das quais a Umbanda e os umbandistas têm sido vítimas, não se explicam apenas localmente, mas também no contexto mundial do processo de globalização.

Resumidamente, globalização é o processo de intensificação e aceleração das relações que acontecem em cada parte do globo terrestre e que atingem o mundo inteiro. Isso veio se preparando ao longo dos séculos, desde as grandes navegações, acelerou-se com a Revolução Industrial e intensificou-se com as Revoluções Tecnológicas do século XX, particularmente nas áreas das comunicações e dos transportes.

As virtudes da Umbanda têm afinidade com esse contexto, pois ela surgiu nele, no início do século XX. Ela nasceu nesse contexto de internacionalização e cosmopolitização das metrópoles brasileiras. O Brasil é um país cosmopolita, e a Umbanda é uma religião também cosmopolita, pois agrega pessoas de todas as nacionalidades, raças, cultura, cores e categorias sociais.

Nos anos 1960, o governo militar, ao contrário da esquerda que condenava, teve a astúcia de "descriminalizar" a Umbanda e o Candomblé, cultos perseguidos pela polícia até então. Generais, maçons e umbandistas tiveram como princípio não só liberar como também promover os chamados cultos afro-brasileiros, em todo o território nacional. Os militares colocavam-se como verdadeiros guardiões da fé umbandista, contra o ateísmo esquerdista, tentando infundir um cunho divino e salvacionista em seu poder político, que censurava a liberdade de expressão e de pensamento e perseguia os movimentos populares, sindicalistas, estudantis e camponeses.

Nos anos 1970, a Umbanda e o Candomblé chegaram largamente à mídia: Clara Nunes, iluminada, aparecia todas as semanas no *Fantástico*, cantando pontos umbandistas. Vinicius e os Tropicalistas estouravam nas paradas com músicas louvando os Orixás e Mães-de-Santo, como a lendária Mãe Menininha. Nessa euforia, a classe média entrou com tudo na Umbanda, tanto frequentando como constituindo seu corpo mediúnico.

O general Figueiredo, subliminarmente, mostrava-se à nação como um verdadeiro Ogum que traria com sua espada e seu cavalo o fim da ditadura militar e a abertura política. Manipulação do imaginário?

Nos anos 1990, o governo Collor, cuja campanha foi subvencionada em grande parte por grupos evangélicos, ao assumir o poder, entrega a eles importantes e poderosos meios de comunicação, como a TV Record e outros. Começou, então, uma verdadeira perseguição inquisitorial em larga escala contra a Umbanda e o Candomblé. Até palhaços de circo foram contratados para "incorporar" Exus e Pombagiras em seus falsos telexorcismos.

Esse período marca também o dito término da Guerra Fria, ocasião em que a CIA (Agência Central de Inteligência) começa a desviar os recursos de espionagem da União Soviética para as seitas evangélicas, aplicando-os no controle político futuro do real problema: a América Latina e demais países do Terceiro Mundo. A CIA e outras instituições norte-americanas investiram em seitas evangélicas como forma de exercer sua cultura dominante na América Latina e em outros setores do Terceiro Mundo. Este início do século XXI é a culminância de um processo histórico que apontava no sentido da formação de um império mundial, cuja potência bélica, os EUA, hoje açambarcou o mundo inteiro.

Lembremo-nos de que a primeira grande manifestação revolucionária de independência na América se iniciou nos terreiros de vodu haitianos, o que causou a proibição desses cultos nas *plantations* do sul dos Estados Unidos.

A massiça campanha cotidiana exercida pelos evangélicos, por meio de poderosas mídias de massa, como o rádio e a televisão, têm a função de controlar politicamente nosso país e descaracterizar-nos culturalmente.

A "demonização" da cultura brasileira é parte dessa estratégia, e destruir a Umbanda, que preserva grande parte de nossa cultura genuína, facilita a descaracterização cultural e a dominação.

A Umbanda é mantenedora de um acervo da riqueza cultural, do repertório de elementos que compõem a religião, e vai no contrafluxo dessa sociedade que tende a transformar tudo numa mesmice, com o desenraizamento, o nivelamento e a massificação das culturas regionais e nacionais.

"Quando milhares de pessoas travestidas de 'sacerdotes salvacionistas' pregam que a 'macumba' é coisa do Demônio, estão pregando a mesma coisa que o colonizador cristão dizia no passado: 'Religião, só a nossa, porque vocês não têm alma! Vocês são pagãos e estão condenados ao inferno!'

'E, porque vocês são pagãos e não têm alma, são pessoas de segunda categoria!' Ou não é isso que vemos diuturnamente sendo pregado nos púlpitos do gigantesco supermercado religioso aí estabelecido e que já começa a construir imensas 'catedrais' para mostrar a todos quem é o 'senhor' e quem são os 'escravos'?" (Rubens Saraceni, *Os Arquétipos da Umbanda*, Madras Editora)

A ciência oficial desconsidera também o poder terapêutico da Umbanda e dos demais cultos afro-brasileiros e dos cultos derivados de nossa raiz indígena. A partir da contracultura dos anos 1960, quando práticas terapêuticas orientais começaram a ser introduzidas no país, tudo isso vem mudando. Atualmente, terapias tradicionais orientais, como a acupuntura, o shiatsu, a yoga e outras, vêm sendo utilizadas nos grandes hospitais.

O célebre discípulo de Freud, Wilhelm Reich, no início do século XX, elaborou a teoria do orgon. Marxista e materialista, Reich centrou sua terapia no reequilíbrio energético do ser humano. O conceito de energia orgônica, influenciado pelo conceito de prana indiano, consiste em afirmar que a psicopatologia humana provém não de um distúrbio mental traumático, como dizia Freud, mas sim de um desequilíbrio energético. A Umbanda deve ser pensada também nesse prisma reichiano, como algo reequilibrador da energia humana, infundindo axé por meio de passes mediúnicos e de outras práticas, alinhando os chakras dos que a procuram.

A Umbanda passa por uma fase de grande transformação. Tal qual o Cristianismo primitivo, ela se utilizou primeiro como corpo mediúnico de pessoas provindas das classes desfavorecidas. Lembremo-nos que os apóstolos de Cristo eram simples pescadores, e o Cristianismo penetrou de forma avassaladora no Império Romano, tendo como fiéis principalmente os escravos.

Pesquisas recentes demonstram o alto índice de universitários e profissionais liberais, como médicos, advogados, professores, sociólogos e psicólogos na Umbanda. Esse é um novo momento em que os médiuns e os demais participantes não buscam mais a religião umbandista somente pelo amor ou pela dor, mas especialmente pelo conhecimento, transformando a linguagem e o comportamento dos dirigentes e dos adeptos e congregando todos, das diversas classes e categorias sociais, como irmãos.

A Umbanda, com suas entidades provindas de todas as religiões e culturas espirituais e magísticas, plasmadas nas formas de Caboclos, Pretos-Velhos, Exus e outros, com poder de exercer verdadeiros milagres no plano da desobsessão, cura física e espiritual, é sincrética, universalista e propõe uma nova forma de globalização.

Segundo Ramatis, estamos vivenciando um processo intenso de mudança do inconsciente coletivo, estamos diante do advento da nova consciência planetária, e a Umbanda é a mais universalista das religiões, doutrinas ou filosofias existentes atualmente na Terra.

E, como dizia o geógrafo Milton Santos, "num mundo que vive de retórica, acho que não custa nada a gente estudar para encontrar retórica oposta. (...) Se desejarmos escapar à crença de que esse mundo assim apresentado é verdadeiro, e não queremos admitir a permanência de sua percepção enganosa, devemos considerar a existência de pelo menos três mundos num só. O primeiro seria o mundo tal como nos fazem vê-lo: a globalização como fábula; o segundo seria o mundo tal como ele é: a globalização como perversidade; e o terceiro, o mundo como ele pode ser: uma outra globalização".

Essa globalização astral, essa sabedoria divina e espiritual por trás da Umbanda, dialética, incessante e progressiva, em que os opostos são mediados no processo reencarnatório, está criando a mais ecumênica, fraterna e tolerante das religiões modernas.

A Umbanda carece de textos sagrados, de ter seu livro sagrado, como a Bíblia cristã, A Torá judaica, o Tao Te King chinês, o Alcorão islâmico e outros. Chegará o dia em que se comporá esse livro sagrado, com a junção dos principais textos, de importância fundamental para a religião.

Essa composição far-se-á à medida que houver o aprofundamento do conhecimento da religião por grande parte dos adeptos e surgirem no meio os seres de luz encarregados de criar esses textos. Por enquanto, as informações necessárias são as de esclarecimento do que é fundamental para que sejam entendidos os Orixás, os seus fatores, os guias, os processos mediúnicos e os comportamentos esperados de cada um. Quando se esclarece o que são as Sete Linhas, os Orixás maiores e os intermediários, as correntes ou linhas de trabalho e todos os ensinamentos que estão sendo abertos ao plano material, já se tem informação suficiente para muito estudo e aprofundamento do aprendizado da religião. Chegará o dia em que os ensinamentos e esclarecimentos serão tantos e tão profundos que nossa religião se mostrará com a abrangência e magnitude que ela realmente tem.

O estudo do que já está sendo aberto deverá intensificar-se, para que, no futuro, os novos ensinamentos e aprofundamentos possam ser entendidos e assimilados corretamente. É por isso que insistimos tanto na necessidade de o umbandista estudar muito, para que possa acompanhar, pelo menos em parte, todos os ensinamentos que estão e estarão sendo abertos.

Nada ficará fora do alcance deles, pois o sincretismo é enorme. Não estou usando a palavra sincretismo simplesmente com o sentido de fusão de elementos culturais dos santos católicos com os Orixás do panteão africano. O sincretismo a que me refiro é a relação que se fará entre todas as coisas existentes e os ensinamentos de Umbanda. A Umbanda é chamada de religião sincrética, por algo muito maior do que apenas o sincretismo religioso convencional. Esse sincretismo se descortinará tão imenso que, se for permitido o crescimento da Umbanda enquanto religião, ela se mostrará em toda a sua magnitude e abrangência, como a religião mais coerente e científica que já surgiu em todos os tempos.

    Tanta coisa estará sincretizada nos fundamentos da Umbanda, que ela propiciará a explicação de muitos fenômenos ainda desconhecidos do ser humano. Reafirmo a todos que a Umbanda não é sintética; ela é especial e exclusivamente sincrética.

Mensagem do MMLC Mahi Mehi Hor Yê
para Mãe Lurdes

BIBLIOGRAFIA

ARTÉSE, Léo. *O Vôo da Águia*. São Paulo: Editora Roka, 1996.

BAILLY, M. A. *Abrégé du Dictionaire Grec-Francais*. Paris: Librarie Hachette, 1908.

BANDEIRA, Cavalcanti. *O Que é a Umbanda*. Rio de Janeiro: Editora Eco, 1973.

BASTIDE, Roger. *A Macumba Paulista – Brancos e Pretos em São Paulo*. São Paulo: Cia. Editora Nacional, 1971.

_____. *As Religiões Africanas no Brasil*. São Paulo: Editora USP, 1971.

BATTACHARIA, D. *The Mirror of The Sky*. George Allen and Urwim, 1969.

BELLIDO, Antonio Garcia. *Visigodos em Portugal – Religião e Magia Nórdica no Minho*. Braga: Cadernos de História Antiga, 1988.

BONTEMPO, Dr. Márcio. *O Caduceu de Mercúrio*. São Paulo: Editora Best Seller, 1995.

BOTHLING, O. Roth. *Sanskrit – Worterbücher*. Wiesbaden: Otto Zeller Osnaburk, vol. 7, 1966.

BUDGE, Wallis. *An Egyptian Hieroglyphic Dictionary*. New York: Osiris Books, 1997.

BURKHARDT, Jacob. *History of Greek Culture*. London: Constable Publishers, 1963.

BRUNAUX, Jean-Louis. *Fidnamed Lusitania – The Celtic Gauls, Gods, Rites and Sanctuaries*. London: Seaby Editions, 1988.

CARNEIRO, Edson. *Negros Bantos*. Rio Janeiro: Editora Civilização Brasileira, 1937.

COE, Michael. *The Maya.* New York: Thames and Hudson, 2006.

CUMINO, Alexandre. *Deus, Deuses e Divindades.* São Paulo: Madras Editora, 2004.

DANIELOU, Alain. *Shiva and Dionysus.* London: Allen & Unwin, 1967.

DANIELOU, Jean. *The Dead Sea Scrolls and Primitive Christianity.* Baltimore: Helicon Press, 1958.

DAS, Subhamoy. *The Yantra Book – The Vedic Power Symbols.* New Delhi: Pankaj Publications, 2005.

DECELSO. *Umbanda de Caboclos.* Rio de Janeiro: Editora Eco, 1972.

EKAI. *The Gateless Gate – The Tree Calls of The Emperor's Teacher.* Los Angeles: Rodhes Editions, 1958.

EYEBIRA, Olomu. *Yoruba – The Egyptian Connection.* Zimbabwe: Revista *Race and History News & Views,* nº 7.

FAULKNER, Raymond (trad.) *The Egyptian Book of the Dead: The Book of Going Forth by Day.* New York: Sphere Books, 1980.

FIGUEIRA, Berzelius Veloso. *Umbanda Buscando Luz.* Belo Horizonte.

FONTENELLE, Aluizio. *A Umbanda Através dos Séculos.* 5.ed. Rio Janeiro: Editora Espiritualista.

GAARDER, Jostein e outros. *O Livro das Religiões.* São Paulo: Cia. das Letras, 2000.

GIBBON, Edward. *The History of the Decline and Fall of the Roman Empire.* London: Penguin Classics, vol. I, 1965.

HARNER, Michael. *O Caminho do Xamã.* São Paulo: Cultrix, 1995.

HARVEY, Andrew. *Um Passeio com Quatro Guias Espirituais – Krishna, Buda, Jesus, Ramakrishna.* São Paulo: Editora Novo Século, 2006.

HAWASS, Zahi. *Secrets from the Sand.* London: Thames & Hudson, 2007.

HELMUT, Birhan. *Kelten, Birder Ihrer Kultur.* Verlag der terreichischender Wissenschaften, 1968.

HERRIGEL, E. *Zen in the Art of Archery.* Prefácio de Daisetz T. Suzuki. Los Angeles: Dharma, 1975.

HUMPHREYS, Christmas. *O Budismo e o Caminho da Vida.* São Paulo: Cultrix, 1969.

Jornal de Umbanda Sagrada (JUS). São Paulo.

KHAN, Hazrat Inayat. *Music and Suffism*. Lahore Pakistan: Muhammed Ashrai, 1971.

KHARITIDI, Olga. *Entering the Circle – Ancient Secrets of Siberian Shamans Wisdom Discovered by a Russian Psychiatrist*. London: Turner Editions, 2005.

KELLENS, Jean. *Essays on Zarathustra and Zoroastrinism*. Iran: Mazda Publishers, 2000.

KIRK, G. S.; RAVEN, J. E. *The Presocratic Philosophers*. Cambridge: Cambridge University Press, 1966.

KUMAR, Nitin. *Mudras: Symbolic Gestures and Postures*. New Delhi: Indian Council for Cultural Relactions, 1999.

LOPES, Nei. *ArtCultura*. 9 ed. Uberlândia: Universidade Federal de Uberlândia.

MAES, Hercílio. *A Missão do Espiritismo*. Limeira: Editora do Conhecimento, 1999.

MARSICANO, Alberto. *A Música Clássica da Índia*. São Paulo: Editora Perspectiva, 2006.

_____. *Knorosov e o Enigma da Escrita Maya*. www.marsicano.tk.

MIRANDOLA Pico Della. *Oration Upon Human Dignity*. London: Renacense Editions, 1957.

MONTAL, Alix de *O Xamanismo*. São Paulo: Editora Martins Fontes, 1986.

OLABIYI, Babalola Yai. *Yoruba–English/English–Yoruba Concise Dictionaries*. Lagos: NSW Publishers, 2001.

ORTIZ, Renato. *A Morte Branca do Feiticeiro Negro*. Petrópolis: Editora Vozes, 1978.

PIRES FILHO, Nelson. *Rituais e Mistérios do Povo Cigano*. São Paulo: Madras Editora.

RAMATIS. *A Missão da Umbanda*. Limeira: Editora do Conhecimento, 2006.

_____. *A Vida no Planeta Azul*. Psicografado por Norberto Peixoto, Limeira: Editora do Conhecimento.

_____. *Jardim dos Orixás*. Psicografado por Norberto Peixoto. Limeira. Limeira: Editora do Conhecimento, 2004.

_____. *Mensagens do Astral*. Psicografado por Hercílio Maes. Rio Janeiro: Livraria Freitas Bastos, 1970.

_____. *O Evangelho à Luz do Cosmo*. Psicografado por Hercílio Maes. Rio Janeiro: Livraria Freitas Bastos, 1966.

_____. *O Sublime Peregrino*. Psicogragado por Hercílio Maes. Rio Janeiro. Livraria Freitas Bastos, 1989.

_____. *Vozes de Aruanda*. Psicografado por Norberto Peixoto. Limeira: Editora do Conhecimento, 2005.

RAMOS, Arthur. *O Negro Brasileiro*. São Paulo: Cia. Editora Nacional, 1940.

RAMM-Bonwitt, Ingrid. *Mudras*. São Paulo: Editora Pensamento, 1987.

RANADE, G. H. *Hindusthani Sangit Paddhati*. Mumbai: Saddhana, 1939.

REICHARD, Gladys. *Navajo Medicine Man – Sandpaintings*. Albuquerque: Native American Editions, 2007.

RONTON, Josef. *Analogia de Umbanda*. São Paulo: Traíde Editorial, 1985.

SAMDUP, Lama Kazi Dawa. *O Livro dos Mortos Tibetano – Bardo Thodol*. São Paulo: Editora Hemus, 1980.

SLAVOV, Atanas. *Gypsy – English/English – Gypsy Concise Dictionary*. London: Romani Books, 1967.

SARACENI, Rubens. *A Evolução dos Espíritos*. São Paulo: Madras Editora, 2005.

_____. *A Tradição Comenta a Evolução*. São Paulo: Cristális Editora, 1996.

_____. *As Sete Linhas de Ascensão e Evolução do Espírito Humano*. São Paulo: Cristális Editora.

_____. *Código da Escrita Mágica Simbólica*. São Paulo: Madras Editora, 2003.

_____. *Doutrina e Teologia de Umbanda Sagrada*. São Paulo: Madras Editora, 2003.

_____. *Iniciação à Escrita Mágica*. São Paulo: Madras Editora, 2003.

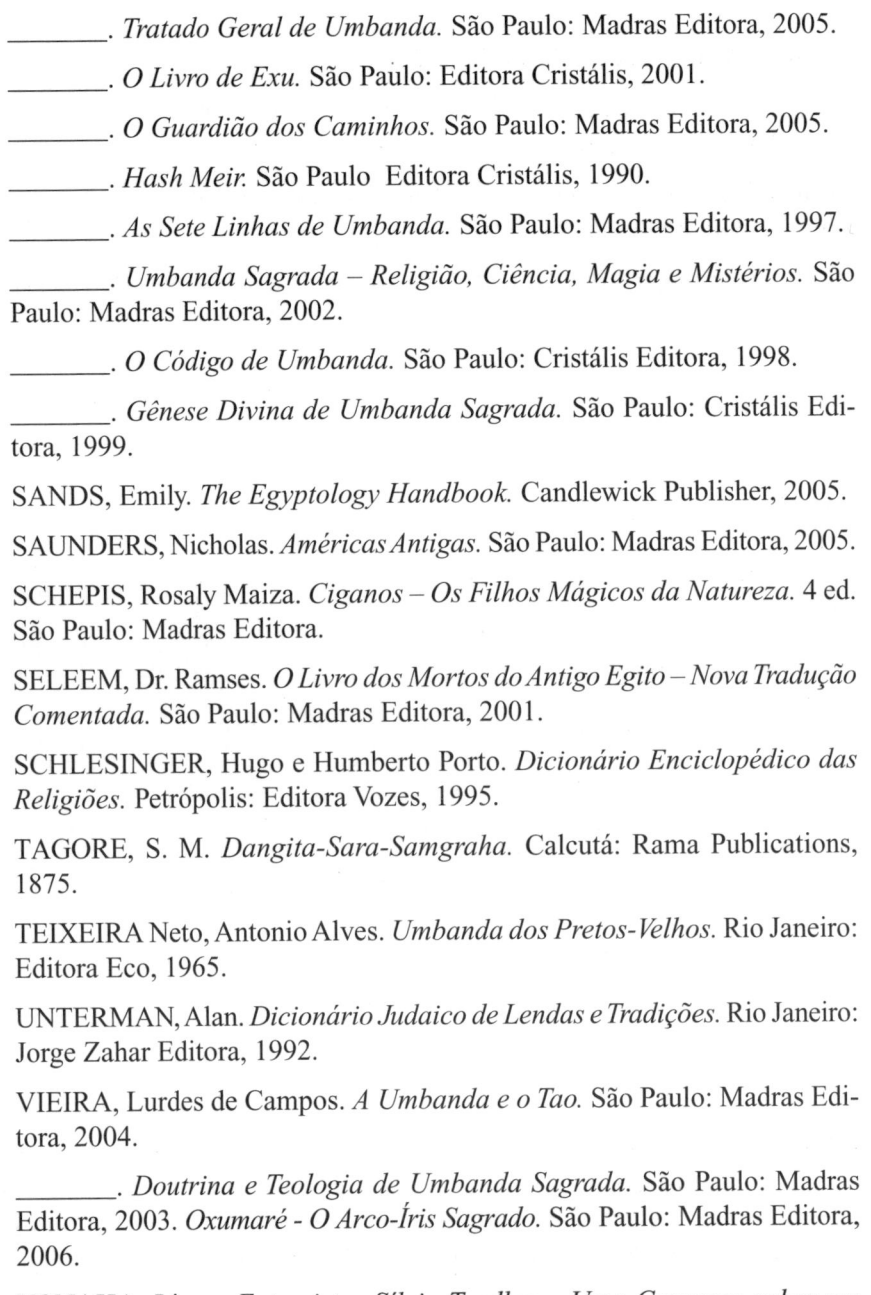

_____. *Tratado Geral de Umbanda.* São Paulo: Madras Editora, 2005.

_____. *O Livro de Exu.* São Paulo: Editora Cristális, 2001.

_____. *O Guardião dos Caminhos.* São Paulo: Madras Editora, 2005.

_____. *Hash Meir.* São Paulo Editora Cristális, 1990.

_____. *As Sete Linhas de Umbanda.* São Paulo: Madras Editora, 1997.

_____. *Umbanda Sagrada – Religião, Ciência, Magia e Mistérios.* São Paulo: Madras Editora, 2002.

_____. *O Código de Umbanda.* São Paulo: Cristális Editora, 1998.

_____. *Gênese Divina de Umbanda Sagrada.* São Paulo: Cristális Editora, 1999.

SANDS, Emily. *The Egyptology Handbook.* Candlewick Publisher, 2005.

SAUNDERS, Nicholas. *Américas Antigas.* São Paulo: Madras Editora, 2005.

SCHEPIS, Rosaly Maiza. *Ciganos – Os Filhos Mágicos da Natureza.* 4 ed. São Paulo: Madras Editora.

SELEEM, Dr. Ramses. *O Livro dos Mortos do Antigo Egito – Nova Tradução Comentada.* São Paulo: Madras Editora, 2001.

SCHLESINGER, Hugo e Humberto Porto. *Dicionário Enciclopédico das Religiões.* Petrópolis: Editora Vozes, 1995.

TAGORE, S. M. *Dangita-Sara-Samgraha.* Calcutá: Rama Publications, 1875.

TEIXEIRA Neto, Antonio Alves. *Umbanda dos Pretos-Velhos.* Rio Janeiro: Editora Eco, 1965.

UNTERMAN, Alan. *Dicionário Judaico de Lendas e Tradições.* Rio Janeiro: Jorge Zahar Editora, 1992.

VIEIRA, Lurdes de Campos. *A Umbanda e o Tao.* São Paulo: Madras Editora, 2004.

_____. *Doutrina e Teologia de Umbanda Sagrada.* São Paulo: Madras Editora, 2003. *Oxumaré - O Arco-Íris Sagrado.* São Paulo: Madras Editora, 2006.

YONAHA, Liuca. *Entrevista: Sílvio Tendler – Uma Conversa sobre um encontro com o mestre – Milton Santos.* Revista *Discutindo Geografia.* São Paulo: Escala Educacional, ano 3, nº 16.

YUAN, Ch'U. *The Nine Songs: A Study of Shamanism in Ancient China.* San Jose: Arthur Valey, California, 2002.

ZELLER, Eduard. *Outlines of the History of Greek Philosophy.* Dover: Dover Publications, 1980.

ZESPO, Emanuel (Prefácio). *777 Pontos Cantados da Umbanda.* Rio. Janeiro: Editora Espiritualista, 1971.

_____. *1.500 Pontos Riscados na Umbanda. vol. II. Rio Janeiro: Editora Eco.*

Nota do Editor

A Madras Editora não participa, endossa ou tem qualquer autoridade ou responsabilidade no que diz respeito a transações particulares de negócio entre o autor e o público.

Quaisquer referências de internet contidas neste trabalho são as atuais, no momento de sua publicação, mas o editor não pode garantir que a localização específica será mantida.

MADRAS® Editora

CADASTRO/MALA DIRETA

Envie este cadastro preenchido e passará a receber informações dos nossos lançamentos, nas áreas que determinar.

Nome _____
RG _____ CPF _____
Endereço Residencial _____
Bairro _____ Cidade _____ Estado ____
CEP _____ Fone _____
E-mail _____
Sexo ❑ Fem. ❑ Masc.   Nascimento _____
Profissão _____ Escolaridade (Nível/Curso) _____

Você compra livros:
❑ livrarias   ❑ feiras   ❑ telefone   ❑ Sedex livro (reembolso postal mais rápido)
❑ outros: _____

Quais os tipos de literatura que você lê:
❑ Jurídicos   ❑ Pedagogia   ❑ Business   ❑ Romances/espíritas
❑ Esoterismo ❑ Psicologia ❑ Saúde   ❑ Espíritas/doutrinas
❑ Bruxaria   ❑ Autoajuda   ❑ Maçonaria   ❑ Outros:

Qual a sua opinião a respeito desta obra? _____
_____

Indique amigos que gostariam de receber MALA DIRETA:
Nome _____
Endereço Residencial _____
Bairro _____ Cidade _____ CEP _____

Nome do livro adquirido: ***A Linha do Oriente na Umbanda***

Para receber catálogos, lista de preços e outras informações, escreva para:

MADRAS EDITORA LTDA.
Rua Paulo Gonçalves, 88 – Santana – 02403-020 – São Paulo/SP
Caixa Postal 12183 – CEP 02013-970 – SP
Tel.: (11) 2281-5555 – Fax.:(11) 2959-3090
www.madras.com.br

MADRAS® Editora

Para mais informações sobre a Madras Editora,
sua história no mercado editorial
e seu catálogo de títulos publicados:

Entre e cadastre-se no site:

www.madras.com.br

Para mensagens, parcerias, sugestões e dúvidas, mande-nos um e-mail:

marketing@madras.com.br

SAIBA MAIS

Saiba mais sobre nossos lançamentos,
autores e eventos seguindo-nos no facebook e twitter:

@madrased

/madraseditora